JOURNAL HISTORIQUE

DU VOYAGE

DE M. DE LESSEPS.

PARTIE I.

A P A R I S,

Chez MOUTARD, Imprimeur-Libraire,
rue des Mathurins, Hôtel de Cluni.

JOURNAL HISTORIQUE

DU VOYAGE

DE M. DE LESSEPS,

Conful de France, employé dans l'expédition de M. le comte de la Pérouſe, en qualité d'interprète du Roi;

Depuis l'inſtant où il a quitté les frégates Françoiſes au port Saint-Pierre & Saint-Paul du Kamtſchatka, juſqu'à ſon arrivée en France, le 17 octobre 1788.

PREMIÈRE PARTIE.

A PARIS,

DE L'IMPRIMERIE ROYALE.

M. D C C X C.

donc à vous que je dois l'hommage de son
succès.

Ne jugez pas cependant de ma gratitude
d'après l'intérêt de l'ouvrage que j'ai l'honneur
de vous offrir; je n'ai jamais senti plus vivement
le chagrin de sa médiocrité qu'en le mettant sous
vos auspices : mais si vous daignez rendre justice
à ma reconnoissance , elle seule fera le prix du
tribut que j'ose vous présenter.

Je suis avec le plus profond respect,

MONSEIGNEUR,

Votre très-humble & très-
obéissant serviteur,
LESSEPS.

AVERTISSEMENT.

LE titre de cet ouvrage annonce ce qu'il est. Pourquoi m'étudierois-je à prévenir le jugement du lecteur! en aurai-je plus de droits à son indulgence, quand je lui aurai déclaré que, dans le principe, je n'eus pas la prétention de faire un livre! ma relation sera-t-elle plus intéressante, quand on saura que j'y travaillai uniquement par le besoin d'amuser utilement mon loisir, & avec la seule vanité de rapporter à ma famille le journal fidèle de mes peines & de mes observations dans le cours de mon voyage! Il est aisé de voir que j'ai écrit par intervalles, avec soin ou négligence, suivant que les circonstances me l'ont permis, que les objets m'ont plus ou moins frappé.

Averti par le sentiment de mon inexpérience, j'ai cru me devoir à moi-même de ne laisser échapper aucune occasion de m'instruire, comme si j'eusse prévu qu'on

Partie I.ʳᵉ   *a*

me rendroit comptable de mes momens &
des connoissances que j'étois à portée de
recueillir; mais de cette exactitude scru-
puleuse à laquelle je me suis astreint, ne
résultera-t-il pas le défaut de grâces &
de variété dans ma narration!

D'ailleurs, les événemens qui me sont
personnels, se trouvoient tellement liés aux
sujets de mes remarques, que mon amour-
propre n'a eu garde de supprimer ces détails : j'ai donc mérité le reproche d'avoir
trop parlé de moi ; c'est le péché d'habitude des voyageurs de mon âge.

Indépendamment de cette fatigante mal-
adresse, je m'accuserai encore d'être tombé
dans des répétitions fréquentes qu'eût
évitées une plume plus exercée. Sur cer-
taines matières, & particulièrement en fait
de voyages, comment ne pas se former
un style de routine! de-là, des tours &
des expressions qui reviennent sans cesse :
pour peindre les mêmes objets, on ne sait
employer que les mêmes couleurs.

En commençant ce Journal, le ſurlendemain de mon débarquement au port de Saint-Pierre & Saint-Paul, je fus d'abord arrêté par l'embarras des dates. Je n'avois point d'almanach François, & je finis par adopter le vieux ſtyle en uſage en Ruſſie; il me diſpenſoit de ſonger continuellement à la différence des onze jours que le nouveau ſtyle compte de plus; mais lorſqu'il a été décidé, contre mon attente, que cet ouvrage recevroit le grand jour de l'impreſſion, je me ſuis empreſſé de rétablir dans les dates l'ordre reçu parmi nous, c'eſt-à-dire, le nouveau ſtyle; & pour la commodité du lecteur je les ai miſes en marge.

Quant à la prononciation des mots Ruſſes, Kamtſchadales & autres, j'obſerverai que toutes les lettres doivent être bien articulées. Je me ſuis attaché, même dans le vocabulaire, à élaguer les conſonnes, dont le concours confus décourage & n'eſt pas toujours néceſſaire. Règle générale, le *kh* doit être prononcé de même que le *ch* des

Allemands, ou le *J.* des Espagnols ; & le *ch* comme dans notre langue. Les syllabes finales *oi* & *in*, se prononceront comme si elles étoient écrites *oï* & *ine*.

L'habile géographe qui s'est plu à donner ses soins à mes cartes, y a tracé ma route avec une si grande précision, que le lecteur peut me suivre pas à pas. C'est ce qui m'a déterminé à retrancher dans ma narration, toutes les notes sur les degrés de latitude & de longitude.

Une caravane Kamtschadale arrivant dans un village, est le sujet que j'ai choisi pour la gravure, parce qu'il peut à la fois, ce me semble, donner une idée des traîneaux, des diverses positions des voyageurs, de leur costume & d'un site. A la pureté du dessin & à la perfection du burin, on reconnoîtra le talent de deux artistes justement célèbres.

Il me reste à justifier le retard qu'a éprouvé l'impression de ce Journal. Sans contredit j'aurois pu le faire paroître plus tôt ; mon devoir même l'exigeoit, mais ma reconnoiſſance me preſcrivoit en même temps d'attendre le retour de M. le comte de la Pérouſe. Qu'eſt-ce que mon voyage, me ſuis-je dit! Pour le public, ce n'eſt qu'une ſuite de l'importante expédition de ce commandant; pour moi, c'eſt la preuve honorable de ſa confiance : double motif par conſéquent pour déſirer de lui ſoumettre les détails de ma relation. Mon propre intérêt m'en faiſoit également une loi : combien je me fuſſe eſtimé heureux, ſi, me permettant de publier mon voyage à la ſuite du ſien, il eût daigné m'aſſocier à ſa gloire! c'étoit-là, je l'avoue, l'unique but de mon ambition & de mes délais.

Qu'il eſt cruel pour moi, après un an d'attente & d'impatience, de voir reculer encore ce terme de mes eſpérances! Depuis mon arrivée il ne s'eſt pas écoulé de jour où mes vœux n'aient rappelé nos intrépides navigateurs de la Bouſſole & de l'Aſtrolabe. Que de fois, me promenant en idée ſur les mers qui leur reſtoient à parcourir, j'ai cherché à reconnoître leurs traces, à les fuivre de rade en rade, à fuppofer des relâches, à mefurer toutes les finuofités de leur marche !

Ah ! lorfqu'à l'inftant de notre féparation au Kamtfchatka, les officiers de nos frégates me ferrèrent triftement dans leurs bras comme un enfant perdu, qui m'eût dit que je devois le premier revoir ma patrie! qui m'eût dit que plufieurs d'entr'eux n'y reviendroient jamais, & que dans peu je verferois des larmes fur leur fort!

En effet, à peine je jouiffois du fuccès de ma miffion & des embraffemens de ma famille, que le bruit de nos défaftres dans l'archipel des navigateurs, eft venu remplir mon ame d'amertume & d'affliction. Il n'eft plus, ce brave & loyal marin *, l'ami, le compagnon de notre commandant, cet homme que j'aimois & refpectois comme mon père ; il n'eft plus, & ma plume fe refufe à retracer fa fin déplorable ! mais ma

----

* M. le vicomte de Langle.

reconnoiſſance ſe plaît à répéter que le ſou-
venir de ſes vertus & de ſes bontés vivra
éternellement en moi.

Ô lecteur, qui que tu ſois, pardonne à
ma douleur cet épanchement involontaire !
ſi tu as pu connoître celui que je pleure,
tu mêleras tes regrets aux miens ; comme
moi, tu demanderas au ciel, pour notre con-
ſolation, pour la gloire de la France, qu'il
nous ramène bientôt & le chef de l'expédition, & ceux de nos courageux argo-
nautes qu'il nous a conſervés. Au moment où j'écris, ah ! ſi un vent favorable
pouſſoit leurs vaiſſeaux vers nos côtes....!
puiſſe-t-il être exaucé ce vœu de mon
cœur ! puiſſe le jour de la publication de
cet ouvrage, être celui de leur arrivée !
dans l'excès de ma joie, je trouverai toutes
les jouiſſances de l'amour-propre.

JOURNAL

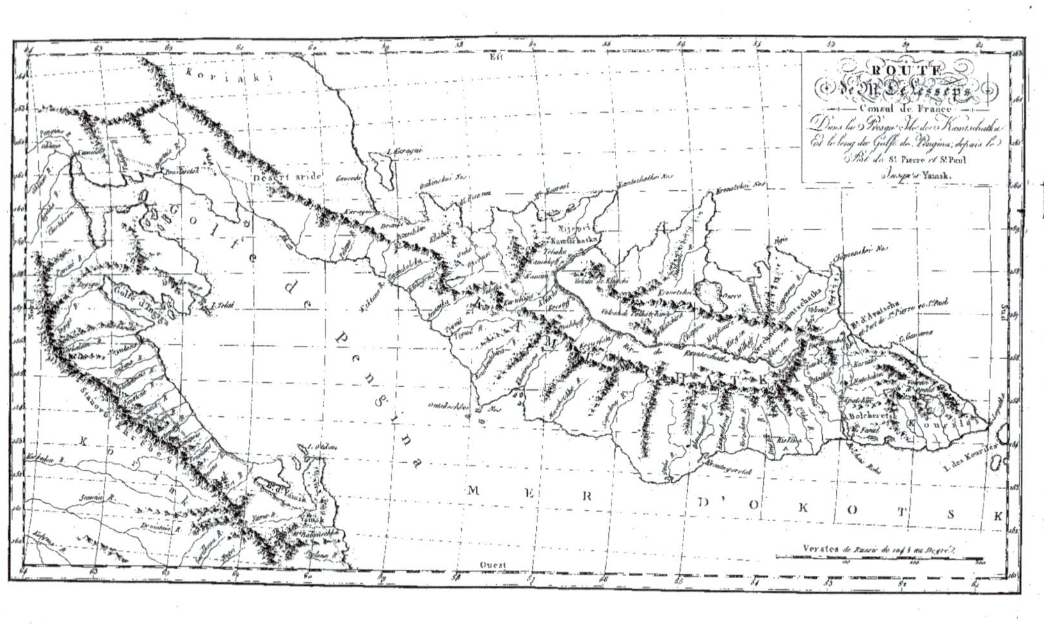

ROUTE
de M. Delesseps
— Consul de France —
Dans la Presqu'Isle du Kamtschatka
Et le long du Golfe de Pengina, depuis le
Port de St. Pierre et St. Paul
Jusqu'à Yakusk.
Koriaki
Desert aride
Golfe de Pengina
MER D'OKOTSK
Ouest
Est
Sud
Verstes de Russie de 104 ½ au Degré.

JOURNAL HISTORIQUE

DU VOYAGE

DE M. DE LESSEPS,

DU KAMTSCHATKA EN FRANCE.

INTRODUCTION.

JE compte à peine mon cinquième luftre, & je fuis arrivé à l'époque la plus mémorable de ma vie. Quelque longue, quelque heureufe que puiffe être la carrière qui me refte à fournir, je doute que je fois deftiné à être jamais employé dans une expédition auffi glorieufe que celle qu'achèvent en ce moment les deux

Partie I.ʳᵉ   A

frégates Françoises, la Bouffole & l'Aftro-
labe, commandées, la première par M. le
comte de la Péroufe, chef de l'expédition; & la feconde, par M. le vicomte
de Langle *.

L'intérêt que le bruit de ce voyage
autour du monde a excité, fut trop
marqué & trop univerfel, pour que l'on
n'attende pas aujourd'hui, avec autant
d'impatience que de curiofité, des nouvelles directes de ces illuftres navigateurs,
que leur patrie & l'Europe entière rede-
mandent aux mers qu'ils parcourent.

Qu'il eft flatteur pour moi, après avoir
obtenu de M. le comte de la Péroufe
l'avantage de le fuivre pendant plus de
deux ans, de devoir encore à fon choix
l'honneur d'apporter par terre fes dépêches

---

* Si ma plume étoit digne de ces deux hommes
célèbres, faits pour conduire enfemble une grande
entreprife avec la plus parfaite harmonie, que de
chofes n'aurois-je pas à dire de chacun d'eux!
mais dès long-temps leurs travaux & l'eftime
publique les ont mis au-deffus des éloges.

en France! plus je réfléchis à mon bonheur
en recevant cette nouvelle preuve de sa
confiance, plus je sens ce qu'exigeroit une
pareille mission, & tout ce qui me manque
pour la remplir : mais je ne dois sans
doute attribuer la préférence qui m'est
accordée, qu'à la nécessité de choisir pour
ce voyage quelqu'un qui parlât le Russe,
& qui eût déjà séjourné dans cet empire.

DEPUIS le 6 septembre 1787, les
frégates du Roi étoient dans le port
d'Avatscha, ou Saint-Pierre & Saint-
Paul *(a)*, à l'extrémité méridionale de la
presqu'île du Kamtschatka. Le 29, j'eus
l'ordre de quitter l'Astrolabe ; le même
jour, M. le comte de la Pérouse me remit
ses dépêches & ses instructions. Son amitié
pour moi ne se contenta pas d'avoir pris
d'avance les arrangemens les plus tran-

1787,
Septembre.

A Saint-Pierre
& Saint-Paul.

Le 29.
Je quitte les
frégates & re-
çois mes dé-
pêches.

(a) Ce port est appelé par les Russes *Petro-*
pavlofskaia-gaven.

A ij

quillifans pour me faire voyager avec fûreté & économie; elle le porta encore à me donner en partant, des confeils vraiment paternels, qui refteront éternellement gravés dans mon cœur. M. le vicomte de Langle eut auffi la bonté d'y joindre les fiens qui ne m'ont pas été moins utiles.

Qu'il me foit permis de payer ici le jufte tribut de ma reconnoiffance à ce fidèle compagnon des périls & de la gloire de M. le comte de la Péroufe, & fon émule dans tous les cœurs & dans le mien, pour m'avoir fervi conftamment de père, de confeil & d'ami.

Le foir il me fallut prendre congé de notre commandant & de fon digne collégue. Qu'on juge de ce que je fouffris lorfque je les reconduifis aux canots qui les attendoient; je ne pus ni parler, ni les quitter; ils m'embraffèrent tour-à-tour, & mes larmes ne leur prouvèrent que trop la fituation de mon ame. Les officiers, tous mes amis qui étoient à terre, reçurent aussi mes adieux ; tous s'attendrirent sur moi , tous firent des vœux pour ma conservation, & me donnèrent les consolations & les secours que l'amitié put leur suggérer. Mes regrets, en m'en séparant, ne peuvent se peindre : on m'arracha de leurs bras, & je me retrouvai dans ceux de M. le colonel Kasloff-Ougrenin, commandant à Okotsk & au Kamtschatka, à qui M. le comte de la Pérouse m'avoit recommandé , plus comme son fils, que comme l'officier chargé de ses dépêches.

Ici commencent mes obligations envers ce commandant Russe. Je connus dès-lors toute l'aménité de son caractère, toujours prêt à rendre service , & dont j'ai eu depuis tant à me louer *(b)*. Il ménagea

1787.
Septembre.
A Saint-Pierre
& Saint-Paul.

Je reste entre
les mains de
M. Kasloff,
commandant
Russe.

(b) Après avoir comblé d'honnêtetés toutes les personnes de notre expédition, il avoit encore voulu essayer d'approvisionner nos frégates. Malgré la difficulté de se procurer des bœufs en ce pays, il leur en fournit sept à ses dépens, & jamais il ne fut possible de lui en faire recevoir le prix; il regrettoit de n'avoir pu en donner davantage.

A iij

1787,
Septembre.
A Saint-Pierre
& Saint-Paul.

ma fenfibilité avec tout l'art poffible : je le vis s'attrifter avec moi, de l'éloignement des canots que nous fuivîmes longtemps des yeux ; & en me ramenant chez lui, il n'épargna rien pour me diftraire de mes fombres réflexions. Qui voudroit fe rendre compte du vide affreux que j'éprouvai en ce moment, devroit commencer par fe fuppofer à ma place, & laiffé feul fur ces bords prefque inconnus, à quatre mille lieues de ma patrie : quand bien même je n'euffe pas calculé cette énorme diftance, l'afpect aride de ces côtes me préfageoit affez ce que j'aurois à fouffrir dans ma longue & périlleufe route ; mais enfin l'accueil que me firent les habitans, & les honnêtetés fans nombre de M. Kafloff & des autres officiers Ruffes, me rendirent peu-à-peu moins fenfible au départ de mes compatriotes.

Le 30.
Départ des
frégates du
Roi.

Il eut lieu le 30 feptembre au matin ; les deux frégates appareillèrent avec un vent favorable qui nous les fit perdre de vue dans la même matinée, & qui fouffla pendant plusieurs jours de suite. On peut croire que je ne les vis pas partir sans faire, pour tous les officiers & les amis que je laissois à bord, les vœux les plus ardens & les plus sincères; triste & dernier hommage de ma reconnoissance & de mon attachement.

M. le comte de la Pérouse m'avoit recommandé de faire diligence; mais en même temps il m'avoit enjoint, ce que mon inclination me prescrivit aussitôt, de ne quitter sous aucun prétexte M. Kasloff: ce dernier lui avoit promis de me conduire jusqu'à Okotsk, lieu de sa résidence, où il devoit se rendre incessamment. J'avois déjà senti le bonheur d'avoir été remis en si bonnes mains, & je n'hésitai pas à m'abandonner aveuglément aux conseils de ce commandant.

Son intention étoit d'aller attendre à Bolcheretsk que le traînage pût s'établir, & nous donnât les facilités nécessaires pour entreprendre le voyage d'Okotsk. La saison étoit alors trop avancée pour rifquer de fe mettre en route par terre; & le trajet par mer n'étoit pas moins dangereux; d'ailleurs il ne fe trouvoit aucun bâtiment dans les deux ports Saint-Pierre & Saint-Paul & Bolcheretsk *(c)*.

Les affaires que M. Kafloff eut à terminer, & les préparatifs de notre départ nous retinrent encore fix jours; ce qui me permit de m'affurer que les frégates du Roi n'étoient plus dans le cas de rentrer. Je profitai de ce retard pour commencer mes obfervations, & me procurer des renfeignemens un peu détaillés fur tout ce qui m'environnoit. Je m'attachai fur-tout à prendre une jufte idée de la baie d'Avatfcha & du port de Saint - Pierre & Saint - Paul qu'elle renferme.

Le capitaine Cook a fait de cette baie une defcription fort étendue, dont nous

---

(c) Il paroît que pendant l'été la navigation eft affez fûre, & que c'eft la feule voie dont profitent les voyageurs pour fe rendre à leur deftination.

avons reconnu l'exactitude. Il s'y est fait depuis quelques changemens, qui, dit-on, doivent être suivis de beaucoup d'autres, sur-tout quant au port Saint-Pierre & Saint-Paul. En effet, il seroit très-possible que les voyageurs qui y aborderont un jour après nous, croyant ne trouver que cinq à six maisons, soient surpris d'y découvrir une ville entière, bâtie en bois, mais passablement fortifiée.

Tel est du moins le projet, qui, à ce que j'ai su indirectement, a été donné par M. Kasloff son auteur, dont les vues sont aussi grandes qu'utiles au bien du service de sa souveraine. L'exécution de ce plan ne contribuera pas peu à augmenter la célébrité de ce port, déjà renommé par les vaisseaux étrangers qui y abordent, & que le commerce pourroit y rappeler *(d)*.

1787,
Octobre.
A Saint-Pierre
& Saint-Paul.

Détail sur ce port & sur un projet qui y est relatif.

(d) A en juger même par ce qu'en ont rapporté les premiers navigateurs, il paroît qu'il n'y a point de ports plus commodes dans cette partie de l'Asie ; de sorte qu'il seroit à desirer qu'il devînt

Pour bien faifir les difpofitions de ce projet & en apprécier l'utilité, il ne faut que fe repréfenter l'étendue & la forme de la baie d'Avatfcha, & la pofition du port en queftion. Nous en avons déjà

l'entrepôt général du commerce de ces contrées. Cela feroit d'autant plus avantageux, que les vaiffeaux qui fréquentent les autres ports, tels que ceux de Bolcherétsk, Nijenei-Kamtfchatka, Tiguil, Ingiga, & même Okotsk, font ordinairement trop heureux quand ils n'y font pas naufrage; c'eft pour cela que l'Impératrice a défendu expreffément toute navigation paffé le 26 feptembre.

Mais ce que j'ai appris en même temps vient encore mieux à l'appui de ce que j'avance, & a pu faire naître l'idée de ces nouvelles conftructions.

Un bâtiment Anglois, appartenant à M. Lanz négociant à Macao, vint l'année dernière 1786 mouiller au port de Saint-Pierre & Saint-Paul; le capitaine Peters, commandant ce navire, fit aux Ruffes des propofitions de commerce, dont voici les détails. Par fon traité avec un marchand Ruffe nommé *Schelikhoff*, il s'engageoit à faire le commerce dans cette partie des états de l'Impératrice, & demandoit des marchandifes pour la valeur de quatre-vingt mille roubles. Il eft probable que ces marchandifes n'euffent confifté qu'en pelleteries que

plusieurs descriptions fidèles *(e)*, qui sont
dans les mains de tout le monde ; ainsi
je me bornerai à ne parler que de ce

les Anglois comptoient vendre en Chine, d'où ils
auroient rapporté en échange des étoffes & autres
objets convenables aux Russes. Le négociant Schelikhoff se rendit lui-même à Saint-Pétersbourg,
pour y solliciter l'agrément de sa souveraine qu'il
obtint ; mais pendant qu'il travailloit à se mettre en
état de remplir les clauses de son traité, il fut
informé que le navire Anglois avoit péri sur les
côtes de l'île de Cuivre, en revenant au Kamtschatka,
de la partie nord-ouest de l'Amérique ; il y avoit
été, selon toute apparence, prendre des fourrures
pour commencer sa cargaison qu'il venoit compléter
au port Saint-Pierre & Saint-Paul. On sut que
deux hommes seulement de son équipage, un
Portugais & un Nègre du Bengale s'étoient sauvés,
& avoient passé l'hiver dans l'île de Cuivre, d'où
un vaisseau Russe les avoit transportés à Nijenei-
Kamtschatka : ils nous ont joint à Bolcheretsk, &
l'intention de M. Kasloff est de les envoyer à la
saison prochaine à Saint-Pétersbourg.

(e) M. le comte de la Pérouse en a détaillé le
plan avec autant de soin que tous ceux qui l'ont
devancé : on le verra dans la relation de son voyage,
qui sera pour le lecteur curieux une nouvelle source
d'instruction & de lumières.

qui peut répandre le jour nécessaire sur les idées de M. Kasloff.

On sait que le port de Saint-Pierre & Saint-Paul est situé au nord de l'entrée de la baie d'Avatscha, & se trouve fermé au sud par une langue de terre fort étroite, sur laquelle est bâti l'ostrog *(f)* ou village Kamtschadale. Sur une élévation à l'est dans le fond du port, est placée la maison du commandant *(g)*, chez qui logea M. Kasloff pendant son séjour. Auprès de cette maison, presque sur la même ligne, on voit celle d'un caporal de la garnison, & plus loin en tirant vers le nord, celle du sergent, lesquels sont,

---

(f) Le mot *ostrog* signifie proprement une enceinte de construction palissadée. On pourroit, je crois, tirer son étymologie des retranchemens que les Russes construisoient à la hâte, pour se mettre à couvert des incursions des indigènes, qui sans doute souffroient impatiemment qu'on envahît leur pays. Le nom d'ostrog est donné à présent à presque tous les villages de ces contrées.

(g) Ce commandant nommé *Khabaroff* étoit alors un *préporchik*, ou enseigne.

1787,
Octobre.

A Saint-Pierre
& Saint-Paul.

après le commandant, les feules perfonnes un peu diftinguées qu'on puiffe citer
en cette place, fi tant eft qu'elle mérite
ce nom. Vis-à-vis l'entrée du port, fur le
penchant de la hauteur, d'où l'on découvre un lac d'une étendue confidérable,
on rencontre aujourd'hui les ruines de
l'hôpital, dont il eft parlé dans le voyage
du capitaine Cook *(h)*. Au-deffous de ces

1787,
Octobre.
A Saint-Pierre
& Saint-Paul.

(h) C'eft à quelque diftance de cet endroit que
fut enterré au pied d'un arbre le capitaine Clerke.
L'infcription que les Anglois ont laiffée fur fa tombe,
étoit fur bois & fufceptible de s'effacer. M. le comte
de la Péroufe voulant que le nom de ce navigateur
parvînt à l'immortalité, fans rien craindre des in-
jures du temps, fit remplacer cette infcription par
une autre fur cuivre.

Il n'eft pas inutile de rapporter ici que notre commandant s'informa en même temps de l'endroit où
avoit été inhumé le fameux aftronome François,
de l'Ifle de la Croyère. Il pria M. Kaffoff de donner des ordres pour qu'on élevât en ce lieu un
tombeau, & qu'on y mît une épitaphe qu'il laiffa
gravée fur cuivre, contenant l'éloge & les détails
de la mort de notre compatriote. Ses intentions
furent exécutées fous mes yeux, après le départ des
frégates Françoifes.

1787,
Octobre.

A Saint-Pierre
& Saint-Paul.

ruines, plus près du rivage, on a conſtruit un bâtiment qui ſert de magaſin ou d'eſpèce d'arſenal à la garniſon, & qui eſt conſtamment gardé par un factionnaire. Voilà en abrégé l'état dans lequel nous avons trouvé le port de Saint-Pierre & Saint-Paul.

Mais par les augmentations propoſées, il eſt évident qu'il deviendroit une place intéreſſante. L'entrée du port ſeroit fermée ou au moins flanquée par les fortifications; elles ſerviroient en outre à couvrir de ce côté la ville projetée, qui ſeroit bâtie, en grande partie, ſur l'emplacement de l'ancien hôpital, c'eſt-à-dire, entre le port & le lac qu'on découvre ſur la hauteur. On poſeroit pareillement une batterie ſur la langue de terre qui ſépare ce lac de la baie d'Avatſcha, afin de protéger cette autre partie de la ville. Enfin, ſuivant le même projet, l'entrée de cette baie ſeroit défendue par une batterie aſſez forte ſur l'endroit le moins élevé de ſa rive gauche; & les vaiſſeaux entrant dans la baie ne pourroient fe fouftraire à la portée du canon, attendu les brifans qui fe rencontrent le long de la rive droite. On y voit aujourd'hui fur la pointe d'un rocher, une batterie de fix ou huit canons, qui a fait feu pour faluer nos frégates.

1787,
Octobre.
A Saint-Pierre
& Saint-Paul.

Je n'ai pas befoin de dire qu'il entre-roit encore dans ce plan d'augmenter la garnifon, qui n'eft actuellement que de quarante foldats ou Cofaques. Ils vivent & font habillés comme les Kamtfchadales; feulement ils portent un fabre, un fufil & la giberne lorfqu'ils font de fervice; fans cela, on ne pourroit les diftinguer des indigènes qu'à leurs traits & à leur idiome.

Quant au village Kamtfchadale, qui fait une grande partie de la place, telle qu'elle eft en ce moment, & fe trouve, ainfi que je l'ai dit, fur la langue de terre qui ferme l'entrée du port, il n'eft compofé que d'environ trente à quarante habita-tions, tant d'hiver que d'été, appelées

1787,
Octobre.
A Saint-Pierre
& Saint-Paul.

iſbas & *balagans* ; & l'on ne compte dans toute la place, en comprenant même la garniſon, que cent habitans au plus, tant hommes, que femmes & enfans. Par le projet ci-deſſus, on voudroit en porter le nombre à plus de quatre cents.

A ces détails ſur le port de Saint-Pierre & Saint-Paul, & ſur les ouvrages dont on doit s'occuper pour ſon embelliſſement, j'ajouterai quelques notes que j'y pris ſur la nature du ſol, le climat & les rivières.

Nature du ſol.

Les bords de la baie d'Avatſcha m'ont paru hériſſés de hautes montagnes, dont quelques-unes ſont couvertes de bois, & d'autres volcaniques *(i)*. Les vallées

---

(i) Il ſe trouve à quinze ou vingt verſtes du port un volcan, que les naturaliſtes de l'expédition de M. le comte de la Pérouſe ont viſité, & dont il ſera parlé dans le voyage de ce commandant. Les gens du pays m'ont dit qu'il en ſort de la fumée de temps en temps ; mais que l'éruption, qui autrefois étoit très-fréquente, n'avoit pas eu lieu depuis pluſieurs années.

préſentent

préſentent une végétation qui m'a étonné. L'herbe y étoit preſque de la hauteur d'un homme ; & les fleurs champêtres, telles que des roſes ſauvages & autres qui s'y trouvoient mêlées , répandoient au loin l'exhalaiſon la plus ſuave.

1787,
Octobre.
A Saint-Pierre
& Saint-Paul.

Il tombe ordinairement de grandes pluies pendant le printemps & l'automne, & les coups de vent ſe font fréquemment ſentir dans cette dernière ſaiſon & dans l'hiver ; celui-ci eſt quelquefois pluvieux, mais, malgré ſa longueur, on aſſure qu'il n'eſt pas ſi extraordinairement rigoureux, du moins dans cette partie méridionale du Kamtſchatka *(k)*. La neige commence

Climat,

(k) Le froid exceſſif dont ſe plaignent les Anglois, peut n'être pas ſans exemple, & je ne prétends point les contredire ; mais ce qui prouve-roit que la rigueur du climat n'eſt pourtant pas ſi cruelle, c'eſt que les habitans qu'ils nous repréſen-tent n'oſant ſortir de tout l'hiver de leurs habita-tions ſouterraines ou *yourtes*, dans la crainte d'être gelés, n'en conſtruiſent plus aujourd'hui dans cette partie méridionale de la preſqu'île, ainſi que j'aurai occaſion de le dire. Je conviendrai cependant que

à prendre pied en octobre, & le dégel n'a lieu qu'en avril ou mai; mais en juillet même, on en voit tomber fur le fommet des hautes montagnes, & fur-tout des volcans. L'été eft affez beau; les plus fortes chaleurs ne durent guère que le temps du folftice. Le tonnerre s'y fait rarement entendre, & ne fait jamais de ravages. Telle eft la température qui règne à peu-près dans tous les environs de cette partie de la prefqu'île.

Deux rivières ont leur embouchure dans la baie d'Avatfcha, favoir, celle qui donne le nom à la baie & celle de Para-tounka. Elles font l'une & l'autre très-

---

le froid que j'y ai éprouvé pendant mon féjour, & qui peut fe comparer à celui de l'hiver de 1779, m'a paru le même que celui qui fe fait fentir à Saint-Péterfbourg : mais ce que les Anglois ont eu grande raifon de trouver extraordinaire, ce font les terribles ouragans, qui amènent des bouffées de neige fi épaiffe & fi abondante, qu'il eft alors impoffible de fortir ni d'avancer, fi l'on eft en route; cela m'eft arrivé plus d'une fois, comme on le verra dans la fuite.

poiſſonneuſes; on y trouve de plus toutes
ſortes d'oiſeaux aquatiques, & ſi ſauvages
qu'il eſt impoſſible de les approcher
même à cinquante pas. La navigation dans
ces rivières eſt impraticable au 26 novembre, attendu qu'elles ſont toujours
priſes à cette époque; & dans le fort de
l'hiver, la baie même eſt couverte de glaçons, que les vents du large empêchent
de ſortir; mais dès que ceux de terre
viennent à ſouffler, elle s'en dégage entièrement. Le port de Saint - Pierre &
Saint - Paul ſe trouve pour l'ordinaire
fermé par les glaces dans le mois de
janvier.

Je devrois ſans doute parler ici des
mœurs & du coſtume des Kamtſchadales,
faire connoître leurs maiſons ou plutôt
leurs cabanes qu'ils nomment *iſbas* ou
balagans; mais je remets à traiter ces
objets à mon arrivée à Bolcheretsk, où
j'aurai, j'eſpère, plus de loiſir & plus de
moyens pour les décrire en détail.

Nous partîmes de Saint-Pierre & Saint-

1787,
Octobre.
A Saint-Pierre
& Saint-Paul.

Le 7.

Paul le 7 octobre, M. Kasloff *(l)*, M.ʳˢ Schmaleff *(m)*, Vorokhoff *(n)*, Ivaschkin *(o)*, moi & la suite du commandant,

(l) M. Kasloff-Ougrenin est, comme je l'ai déjà dit, commandant à Okotsk & au Kamtschatka; il est subordonné au gouverneur général résidant à Irkoutsk.

(m) M. Schmaleff est capitaine-inspecteur pour les Kamtschadales, ou en Russe, *capitan-ispravnik* dans le département du Kamtschatka; c'est le même dont les Anglois eurent tant à se louer, & les bons offices qu'il nous a rendus ne sauroient également se compter.

(n) M. Vorokhoff, secrétaire du commandant; il est employé dans les affaires civiles, & a rang d'officier.

(o) M. Ivaschkin est cet infortuné gentilhomme dont parlent les Anglois, & qui mérite à tous égards l'éloge qu'ils en font. Le seul récit de ses malheurs suffit pour inspirer de la compassion à tout lecteur; mais il faut l'avoir vu & suivi, pour juger du degré d'intérêt qu'on doit prendre à son sort.

Il n'avoit pas encore vingt ans que l'impératrice Élisabeth le fit sergent de sa garde de Préobrajenskoï. Il jouissoit déjà d'un certain crédit à la cour, & le libre accès que sa place lui donnoit auprès de sa souveraine, ouvroit à son ambition la plus brillante carrière, lorsque tout-à-coup non-seulement il fut

compofée de quatre fergens ou bas-offi-
ciers & d'un pareil nombre de foldats.

difgracié, & fe vit enlever toutes les efpérances flat-
teufes dont il avoit pu fe bercer, mais encore il
eut la douleur d'être traité comme les plus grands
criminels; il reçut le knout, dernier fupplice & le
plus infamant en Ruffie, eut les narines arrachées,
& fut en outre exilé pour la vie au Kamtfchatka.

On fait, par ce qu'en ont rapporté les Anglois,
tout ce qu'il a eu à fouffrir pendant plus de vingt
ans de la rigueur extrême dont on ufa à fon égard;
on la porta jufqu'à lui refufer les premiers alimens.
Il eût péri fans doute de faim & de mifère, ou
auroit fuccombé à fon défefpoir, fi la force de fon
ame & celle de fon tempérament ne l'euffent fou-
tenu. La néceffité de pourvoir lui-même à fa fubfiftance le força, non fans dégoût, à fe naturalifer
parmi les Kamtfchadales, & à adopter entièrement
leur manière de vivre; il eft vêtu comme eux, &
trouve dans fa chaffe & dans fa pêche de quoi
fournir à fes befoins affez abondamment pour qu'en
vendant fon fuperflu, il obtienne encore quelques
adouciffemens à fa trifte exiftence. Il réfide à l'oftrog
de Verckneï - Kamtfchatka, ou Kamtfchatka fupérieur. On ignore parmi les Ruffes, la caufe d'une
punition fi févère; on eft tenté de l'attribuer à un
mal-entendu, ou à quelques paroles indifcrètes, car
on ne peut fe réfoudre à lui fuppofer un crime. Il
paroîtroit qu'on eft revenu de la prétendue énormité

B iij

L'officier-commandant du port, probablement par honneur pour M. Kasloff
son supérieur, se joignit à notre petite

de son délit; on a voulu depuis peu changer le lieu
de son exil, & on lui a proposé d'aller demeurer
à Yakoutsk, cette ville offrant plus de ressources,
tant pour l'utilité que pour l'agrément : mais ce malheureux proscrit, qui peut avoir aujourd'hui soixante
à soixante-cinq ans, a refusé de profiter de cette
permission, ne voulant pas, a-t-il dit, aller mettre
en spectacle les marques hideuses de son déshonneur, ni avoir à rougir une seconde fois du supplice affreux qu'il a subi. Il a mieux aimé continuer
de vivre avec ses Kamtschadales, n'ayant plus à
desirer que de passer paisiblement le peu de jours
qui lui restent au milieu de ceux qui connoissent son
honnêteté, & de pouvoir emporter en mourant,
l'estime & l'amitié générales dont il jouit à si
juste titre.

M. le comte de la Pérouse, d'après la relation
des Anglois, témoigna le desir de voir cet infortuné, qui lui inspira, dès le premier moment, le
plus vif intérêt; il le reçut à son bord & à sa table:
l'humanité de notre commandant ne se borna pas à
compatir à ses maux; elle s'occupa encore des
moyens de les adoucir, en lui laissant tout ce qui
pouvoit lui rappeler notre séjour, & lui prouver que
les Anglois ne sont pas les seuls étrangers que son
triste sort ait intéressés.

troupe, & nous nous embarquames fur des baidars *(p)* pour traverfer la baie & nous rendre à Paratounka, où nous devions trouver des chevaux pour continuer notre route.

Nous arrivames en cinq ou fix heures à cet oftrog, où demeure le prêtre *(q)* ou curé du diftrict dont l'églife eft encore en ce lieu *(r):* fa maifon nous fervit de gîte; & nous y fumes reçus à merveille; mais à peine y étions-nous entrés, que la pluie tomba en fi grande abondance

1787,
Octobre.

Arrivée &
féjour à Para-
tounka.

(p) Les *baidars* font des canots faits à peu-près comme les nôtres, fi ce n'eft que les bordages font faits de planches larges de quatre, cinq à fix pouces, & qu'ils font joints les uns aux autres avec des liens de branches de faule ou de cordes; on les calfate avec de la mouffe. Les baidars font les feuls bâtimens qui fervent à la navigation pour fe rendre aux îles Kouriles; ils vont ordinairement à la rame, on peut cependant y adapter une voile.

(q) Il fe nomme *Féodor Verefchaguin;* il a fuccédé à fon frère aîné Romanoff-Verefchaguin, qui eut tant de bons procédés pour le capitaine Clerke, & que j'ai trouvé depuis à Bolcheretsk.

(r) Son prédéceffeur avoit annoncé aux Anglois,

1787,
Octobre.
A Paratounka.

qu'elle nous força de séjourner plus long-temps que nous ne voulions.

Je saisis avec empreffement ce rapide intervalle pour décrire ici quelques - uns des objets que j'ai remis à traiter à mon arrivée à Bolcheretsk, où j'en trouverai d'autres peut-être qui ne feront pas moins intéreffans.

Defcription
de cet oftrog.

L'oftrog de Paratounka eft fitué au bord de la rivière de ce nom, à deux lieues environ de fon embouchure *(ſ)*. Ce village n'eft guère plus peuplé que celui

que cette paroiffe devoit être inceffamment tranf-férée à l'oftrog de Saint-Pierre & Saint-Paul; mais ce déplacement ne doit s'effectuer qu'à l'exécution du projet relatif au port. Il eft bon d'obferver ici que les Anglois ont omis de dire qu'il exiftoit autrefois une églife à Saint-Pierre & Saint-Paul, & qu'on en retrouve l'emplacement indiqué par une efpèce de tombe qui en faifoit partie.

(ſ) Cette rivière fe jette, comme je l'ai dit, dans la baie d'Avatſcha : les bancs qui s'y trouvent à fec, à baffe mer, rendent fon entrée impraticable ; elle eft même très-difficile lors de la pleine mer.

de Saint-Pierre & Saint-Paul. La petite vérole a fait, en cet endroit principalement, des ravages effroyables. Le nombre de balagans & d'ifbas que j'y ai vus, m'a également paru à peu-près le même qu'à Petropavlofska *(t)*.

Les Kamtfchadales logent l'été dans les premiers, & fe retirent l'hiver dans les derniers. Comme on veut les amener infenfiblement à fe rapprocher davantage des payfans Ruffes, & à fe loger d'une manière plus faine, il a été défendu dans cette partie méridionale du Kamtfchatka, de conftruire déformais des yourtes ou demeures fouterraines; elles y font toutes

(t) En m'arrêtant devant ces maifons Kamtfchadales, je me fuis peint quelquefois à leur afpect, la furprife dédaigneufe de nos fybarites François, les uns fi fiers de leurs vaftes hôtels, les autres fi jaloux de leurs petits appartemens fi jolis, fi décorés, où l'art des diftributions ne le cède qu'au luxe recherché des meubles; je croyois les entendre s'écrier: Comment des humains peuvent-ils habiter ces miférables cahutes! cependant un Kamtfchadale ne fe trouve point malheureux fous

détruites à préfent *(u)*, & l'on n'en trouve plus que quelques veftiges dont l'intérieur eft comblé, & qui m'ont repréfenté au dehors le faîte élargi de ños glacières.

Les balagans s'élèvent au-deffus du fol fur plufieurs poteaux plantés à d'égales diftances, & de la hauteur de douze à treize picds. Cette agrefte colonnade foutient en l'air une plate-forme faite de foliveaux emboîtés les uns dans les autres, & revêtus de terre glaifeufe : cette plate-forme fert de plancher à tout l'édifice, qui confifte en un comble de forme conique, couvert d'une forte de chaume ou d'herbe féchée, étendue fur de longues

ces cabanes dont l'architecture paroît remonter au premier âge du monde ; il y vit tranquille avec fa famille ; il jouit au moins du bonheur de connoître peu de privations, par-là même qu'il fe crée moins de befoins, & qu'il n'a point fous les yeux d'objets de comparaifon.

(u) J'en ai revues quelque temps après dans la partie feptentrionale, & j'ai pu en prendre une idée plus exacte que j'ai eu foin de noter.

perches qui fe réuniffent au fommet, &
qui portent fur plufieurs traverfes. Ce
comble eft à la fois le premier & le dernier
étage ; il forme tout l'appartement, c'eft-à-
dire une chambre : un trou pratiqué dans
le toit ouvre un paffage à la fumée, lorfque
le feu s'allume pour préparer les alimens ;
cette cuifine s'établit alors au milieu de
la chambre où ils mangent, fe couchent
& dorment péle-mêle fans le moindre
dégoût ni aucun fcrupule. Dans ces appartemens, il n'eft pas queftion de fenêtres ; on n'y trouve qu'une porte fi baffe
& fi étroite, qu'elle donne à peine entrée
au jour. L'efcalier eft digne de la maifon ;
c'eft une poutre, ou plutôt un arbre en-
taillé très - groffièrement, dont un bout
pofe à terre & l'autre eft élevé à la hauteur du plancher ; il arrive à l'angle de
la porte, au niveau d'une efpèce de ga-
lerie découverte qui fe trouve en avant :
cet arbre a confervé fa rondeur, & préfente fur un côté de fa fuperficie ce que
je ne faurois appeler des marches, vu

1787.
Octobre.
A Paratounka.

qu'elles font fi incommodes que j'ai penfé plus d'une fois m'y rompre le cou. En effet lorfque cette maudite échelle vient à tourner fous les pieds de ceux qui n'y font pas habitués, il leur eft impoffible de garder l'équilibre; il faut qu'ils tombent à terre, & ils rifquent plus ou moins, en raifon de la hauteur. Veut-on annoncer au dehors que perfonne n'eft au logis? on ne prend d'autre foin que de retourner l'efcalier, les marches en deffous.

Un motif de convenance peut avoir donné à ces peuples l'idée de fe conftruire ces demeures bizarres; leur genre de vie les leur rend néceffaires & commodes. Leur principal aliment étant le poiffon fec, qui fait auffi la nourriture de leurs chiens, il leur faut pour le faire fécher, ainfi que leurs autres provifions pour l'hiver, un emplacement à l'abri du foleil, & cependant où l'air entre de toutes parts; ils le trouvent fous cette colonnade ou veftibule ruftique, qui fait la partie inférieure des balagans ; c'eft - là qu'ils

pendent leur poiffon au plancher, ou à des
endroits auffi élevés, pour le fouftraire à
la voracité des chiens, qui font conftamment affamés pour le bien du fervice.
Ces chiens fervent au traînage chez les
Kamtfchadales; les meilleurs *(x)*, c'eft-à-
dire, les plus méchans, n'ont d'autre
écurie que cette manière de portique dont
je viens de parler; ils y font attachés aux
colonnes ou poteaux qui fervent de fup-
ports au bâtiment. Voilà, ce me femble,
tout ce qui peut rendre utile la forme
de conftruction qu'ils ont adoptée pour
leurs balagans ou habitations d'été.

Celles d'hiver font moins fingulières;
fi elles étoient auffi grandes, elles reffembleroient parfaitement aux maifons
des payfans Ruffes : celles-ci ont été tant
de fois décrites, que tout le monde peut
connoître à peu-près comment elles font

1787,
Octobre.
A Paratounka.

Defcription
des ifbas.

(x) Comme je ferai inceffamment dans le cas
d'en effayer, je me réferve à les faire connoître à
ce moment.

1787,
Octobre.
A Paratoumka.

bâties & distribuées. On sait que ces isbas sont tous en bois, c'est-à-dire, que ce sont de longs arbres couchés horizontalement les uns sur les autres qui en font les murs, dont les vides sont remplis avec de la mousse. Leur toit a la pente de nos chaumières; il est revêtu d'une herbe grossière ou de joncs, & souvent dè planches. Deux chambres partagent l'intérieur, & un seul poêle commun par sa position, chauffe ces deux pièces; il sert aussi de cheminée pour la cuisine. Aux deux côtés de la plus grande de ces chambres, sont placés à demeure, de larges bancs, & parfois un méchant grabat fait de planches & couvert de peau d'ours : c'est-là le lit des chefs de la famille; & les femmes qui, dans ces contrées sauvages, sont esclaves de leurs maris & font les plus gros ouvrages, se trouvent trop heureuses quand elles peuvent s'y reposer.

Outre ces bancs & ce lit, on y voit encore une table & grand nombre d'images de différens saints, dont les Kamtschadales

font auffi jaloux de garnir leurs chàmbres,
que la plupart de nos célèbres connoiffeurs le font d'étaler leurs magnifiques
tableaux.

On peut juger que les fenêtres n'en
font ni larges ni hautes: les carreaux font
de peaux de faumons ou de veffies de
différens animaux, ou de gorges de loups
marins préparées, quelquefois même de
feuilles de talc, ce qui eft très-rare &
annonce une forte d'opulence. Ces peaux
de poiffons font tellement raclées & ap-
prêtées, qu'elles font diaphanes, & donnent un peu de jour à la chambre *(y)*;
mais il s'en faut qu'on puiffe au travers
diftinguer les objets. Les feuilles de talc
font plus claires & approchent davantage
du verre; cependant elles ne font point
affez tranfparentes pour que de dehors
on puiffe voir ce qui fe paffe en dedans:
on doit fentir que ce n'eft point un

1787,
Octobre.
A Paratounka.

(y) Cela produit le même effet que le papier
huilé des fenêtres de nos manufactures.

inconvénient pour des maisons aussi basses.

1787,
Octobre.

A Paratounka.

Chef ou juge de chaque ostrog.

Chaque ostrog Kamtschadale est présidé par un chef, appelé *toyon ;* cette espèce de magistrat est choisi parmi les naturels du pays, à la pluralité des voix: les Russes leur conservent ce privilége, mais ils les obligent à faire approuver l'élection par la juridiction de la province. Ce toyon n'est donc lui-même qu'un paysan, comme ceux qu'il juge & préside; il n'a aucune marque distinctive, & fait les mêmes ouvrages que ses subalternes; il est spécialement chargé de veiller à la police & à l'exécution des ordres du gouvernement. Il a de plus, sous les siens, un autre Kamtschadale à son choix, pour l'aider ou le suppléer dans l'exercice de ses fonctions. Ce vice-toyon s'appelle *yesaoul*, titre Cosaque que les Kamtschadales ont adopté depuis l'arrivée des Cosaques dans leur péninsule, & qui, chez ces derniers, signifie second chef de leur bande, ou de leur horde. Il faut ajouter

ajouter que lorſque la conduite de ces chefs eſt reconnue vicieuſe, ou provoque les plaintes de leurs inférieurs, les officiers Ruſſes prépoſés pour les recevoir, ou les autres tribunaux établis par le gouvernement, démettent auſſitôt ces toyons de leurs charges, & en nomment d'autres plus agréables aux Kamtſchadales qui ont le droit de les propoſer.

La pluie ayant continué, nous ne pûmes encore nous remettre en route; mais ma curioſité me porta à prendre un moment dans la journée pour me promener dans l'oſtrog de Paratounka, & pour viſiter un peu ſes environs.

Mes pas ſe tournèrent d'abord vers l'égliſe, que je trouvai bâtie en bois, & décorée dans le goût de celles des villages Ruſſes; j'y remarquai les armes du capitaine Clerke, peintes par M. Webber, & l'inſcription angloiſe ſur la mort de ce digne ſucceſſeur du capitaine Cook; elle indique auſſi le lieu de ſa ſépulture à Saint-Pierre & Saint-Paul.

Partie Ire C

1787,
Octobre.
A Paratounka.

Pendant le séjour des frégates Françoises dans ce port, j'étois venu une fois à Paratounka, dans une partie de chasse avec M. le vicomte de Langle; à notre retour, il me parla de plusieurs autres objets intéressans qu'il avoit observés dans cette église, lesquels m'avoient absolument échappés. C'étoient, autant que je crois m'en rappeler, diverses offrandes qu'y avoient déposées, me dit-il, quelques anciens navigateurs naufragés. Je m'étois bien promis de les examiner à ma seconde tournée dans cette paroisse; mais soit que ma mémoire m'ait mal servi, ou que j'aie mis dans cette recherche trop de précipitation, n'ayant eu que peu de temps à y donner, je ne pus rien découvrir.

Le village est environné d'un bois; je le traversai en côtoyant la rivière, & je parvins à découvrir une plaine très-vaste, laquelle s'étend au nord & à l'est jusqu'aux montagnes de Pétropavlofska. Cette chaîne est terminée au sud & à l'ouest par celle dont le mont de Paratounka fait partie, & qui n'est éloignée que de cinq à six verstes *(z)* de l'ostrog ou village de ce nom. On trouve fréquemment sur les bords des rivières qui serpentent dans cette plaine, des traces récentes des ours qui y descendent pour prendre & manger le poisson dont elles abondent. Les habitans assurent en avoir vu quelquefois jusqu'à quinze & dix-huit rassemblés sur ces rivages; aussi sont-ils certains, lorsqu'ils vont les chasser, d'en rapporter, dans l'espace de vingt-quatre heures, au moins un ou deux. J'aurai occasion de parler bientôt de leurs chasses & de leurs armes.

Nous quittâmes Paratounka, & reprîmes notre route; une vingtaine de chevaux suffit pour nous & notre bagage qui n'étoit pas considérable, M. Kasloff ayant eu la précaution d'en envoyer une grande partie par eau jusqu'à l'ostrog de Koriaki.

1787,
Octobre.
A Paratounka.

Le 9.
Départ de
Paratounka.

(z) La *verste* est actuellement de cinq cents sagènes ou toises.

La rivière d'Avatſcha ne remonte & n'eſt navigable que juſqu'à cet oſtrog, encore eſt-on obligé de faire uſage de petits bateaux appelés *batts*. Les baidars ne ſervant que pour traverſer la baie d'Avatſcha, & ne pouvant aller que juſqu'à l'embouchure de la rivière de ce nom, ils y tranſbordent leurs chargemens ſur ces batts ou pirogues que le peu de profondeur & la rapidité de la rivière forcent de conduire avec des perches. C'eſt ainſi que nos effets arrivèrent à Koriaki.

Pour nous, après avoir traverſé à gué la rivière de Paratounka, & en avoir côtoyé quelques bras, nous les laiſsâmes, pour prendre des chemins boiſés & moins plats, mais plus faciles; nous voyageâmes preſque toujours dans des vallons, & nous n'eûmes que deux montagnes à gravir. Nos chevaux, malgré leur charge, firent ce trajet fort leſtement, enfin nous n'eûmes pas un inſtant, dans toute notre marche, à nous plaindre du temps; il fut ſi beau, que je commençois à croire qu'on m'avoit peut-être exagéré la rigueur du climat : mais peu de temps après, l'expérience ne me confirma que trop ce qu'on m'avoit dit, & dans la suite de mon voyage, j'eus tout lieu de m'accoutumer aux frimats les plus pénétrans ; trop heureux, lorsqu'au milieu des glaces & des neiges, je n'eus pas encore à lutter contre la violence des tourbillons & des tempêtes.

1787,
Octobre.

Nous mîmes environ six à sept heures pour nous rendre à l'ostrog de Koriaki, éloigné de celui de Paratounka, suivant que j'ai pu en juger, de trente-huit à quarante verstes. A peine arrivés, il fallut courir nous réfugier dans la maison du toyon, pour nous mettre à couvert de la pluie ; celui-ci céda son isba à M. Kasloff, & nous y passâmes la nuit.

Arrivée à
Koriaki.

L'ostrog de Koriaki est situé au milieu d'un bois taillis, & sur le bord de la rivière d'Avatscha, qui se rétrécit beaucoup en cet endroit ; cinq ou six isbas & le double ou le triple au plus de balagans, composent ce village qui ressemble à

Description
de cet ostrog.

1787,
Octobre.

celui de Paratounka, si ce n'est qu'il est moins grand, & qu'il n'a point de paroisse. J'observerai qu'en général les ostrogs aussi peu considérables n'ont pas d'église.

Le 10.
Départ de
Koriaki.

Le lendemain nous remontâmes à cheval & prîmes la route de Natchikin, autre ostrog sur la route de Bolcheretsk; nous devions nous arrêter quelques jours dans ses environs, afin de profiter des bains que M. Kasloff y a fait construire à ses frais, pour l'utilité & l'agrément de tous les habitans, sur des sources chaudes qu'on y rencontre, & que je ne tarderai pas à faire connoître. Le chemin de Koriaki à Natchikin est assez commode, & nous traversâmes, sans difficultés, tous les petits ruisseaux ou sources qui descendent des montagnes au pied desquelles nous passâmes. Aux trois quarts du chemin, nous trouvâmes la Bolchaïa-reka *(a)*; elle me parut, d'après sa largeur

(a) Nom qui signifie en Russe, *grande rivière.*

d'environ cinq à six toises en ce lieu, se prolonger beaucoup dans l'est nord-est; nous la côtoyâmes pendant quelque temps, jusqu'à ce que nous vîmes une petite montagne qu'il nous fallut franchir en approchant du village. La pluie qui tomboit très-fort lorsque nous étions partis de Koriaki, avoit cessé peu d'instans après; mais le vent ayant passé au nord-ouest, le ciel devint très-chargé, & nous eûmes de la neige en abondance; elle nous prit à plus des deux tiers de notre route, & dura jusqu'à notre arrivée. J'eus le temps de remarquer que la neige couvroit déjà les montagnes, même les moins hautes, sur lesquelles elle décrivoit une ligne égale à une certaine élévation, & qu'au-dessous elle n'avoit point encore pu prendre pied. Nous passâmes à gué la Bolchaïa-reka, & nous trouvâmes à l'autre bord l'ostrog de Natchikin, où je comptai six ou sept isbas, & une vingtaine de balagans semblables à ceux que j'avois vus : nous n'y séjournâmes point, M. Kasloff ayant jugé à

Arrivée & fé-
jour aux bains
de Natchikin.

propos de fe rendre fur le champ à fes bains; ce que je defirois autant par curio-fité que par befoin.

La neige avoit percé mes habits, & en traverfant la rivière, qui ne laiffoit pas d'être profonde, j'avois eu les pieds & les jambes très-mouillés; il me tardoit donc de pouvoir changer; mais rendu aux bains, point de bagage, il n'étoit pas arrivé. Nous crûmes nous fécher en allant nous promener fur le champ dans les environs, & reconnoître les objets inté-reffans que je m'attendois à y trouver. J'eus lieu d'être charmé de tout ce qui frappa mes regards; mais l'humidité du lieu, jointe à celle qui nous avoit déjà faifis, acheva de nous morfondre, & nous fit abréger notre promenade. A notre retour, nouveau fujet de peine & d'im-patience; impoffible à nous de changer ni de nous réchauffer, nous ne trouvâmes point nos équipages : pour furcroît de malheur, l'endroit où nous nous étions retirés, étoit des plus humides, &

quoiqu'il fût affez clos, le vent fembloit y
fouffler fur nous de toutes parts. M. Kaffoff
imagina de prendre un bain qui le remit
promptement : n'ayant pas ofé fuivre fon
exemple , je me vis réduit à attendre
l'arrivée de nos équipages ; j'avois été
pénétré à un tel point, que je paffai la
nuit à friffonner.

Le lendemain, je fis à mon tour l'effai de
ces bains, & je puis dire que jamais aucuns
ne m'ont fait autant de plaifir, ni autant de
bien : mais il faut d'abord indiquer la
fource de ces eaux thermales, & la difpofition du bâtiment où l'on fe baigne.

Elles fe trouvent à deux verftes au nord
de l'oftrog, & à environ cinq à fix cents
pas du rivage de la Bolchaïa - reka, qu'il
faut traverfer une feconde fois pour arriver
aux bains, attendu le coude qu'elle décrit
après le village. Une vapeur épaiffe &
continuelle s'élève au-deffus de ces eaux
qui jailliffent en bouillonnant d'une montagne peu efcarpée, à trois cents pas à l'eft
de l'endroit où font fitués les bains. Dans

1787,
Octobre.
Aux bains de
Natchikin.

Le 11.

Defcription
des fources
chaudes de
Natchikin.

leur chute, dont la direction eſt Eſt &
oueſt, elles forment un petit ruiſſeau d'un
pied & demi de profondeur, & de ſix
à ſept pieds de largeur. A une courte
diſtance de la Bolchaïa-reka, ce ruiſſeau
en rencontre un autre avec lequel il va
ſe jeter dans cette rivière, à environ huit
à neuf cents pas de la ſource de ces eaux
thermales, où elles ſont ſi chaudes, qu'il
eſt impoſſible d'y tenir la main une demi-
minute.

M. Kaſloff a eu ſoin de choiſir, pour
établir ſes bains, l'endroit le plus commode, & celui où la température de l'eau
ſe trouve la plus douce ; c'eſt au milieu
du ruiſſeau qu'il a conſtruit en bois ſon
bâtiment dans la proportion de huit pieds
de large ſur ſeize de long. Son intérieur
eſt partagé en deux cabinets, ayant chacun
ſix à ſept pieds en carré & autant en
hauteur : l'un qui s'avance davantage du
côté de la ſource, & ſous lequel l'eau a
par conſéquent plus de chaleur, eſt celui
où l'on ſe baigne ; l'autre ſert uniquement

à la toilette des baigneurs; ils y trouvent
à cet effet de larges bancs au-deffus du
niveau de l'eau, & on a laiffé dans le
milieu un certain efpace où l'on peut
fe laver encore fi on le veut. Ce qu'il
y a de très-agréable, c'eft que la chaleur
de l'eau en répand affez dans ce cabinet
pour qu'on ne puiffe pas s'y refroidir,
& qu'elle pénètre tellement le corps, que
même hors du bain on la conferve
pendant une heure ou deux.

Nous logeâmes auprès de ces bains,
dans deux efpèces de granges couvertes
d'une manière de chaume, & dont la
charpente étoit d'arbres & de branchages.
Elles avoient été conftruites avant notre
arrivée, exprès pour nous, & en fi peu
de temps, que lorfqu'on me le dit, j'eus
peine à le concevoir; mais bientôt j'en
acquis la conviction par mes yeux. Celle
qui étoit au fud du ruiffeau, s'étant trouvée trop petite & trop humide, M. Kafloff ordonna d'en bâtir une autre de trois
à quatre toifes, de l'autre côté où le

1787,
Octobre.
Aux bains de
Natchikin.

Conftruction
de nos de-
meures auprès
de ces bains.

terrain étoit moins marécageux. Ce fut l'affaire d'un jour; le soir elle étoit achevée, quoiqu'on y eût de plus pratiqué un escalier qui facilite la communication de cette grange avec le bâtiment des bains, dont la porte fait face au nord.

Le 14.

Le froid ayant rendu notre demeure insupportable pendant la nuit, M. Kasloff se décida à la quitter quatre jours après notre arrivée. Nous retournâmes au village nous réfugier chez le toyon; mais l'attrait de ces bains nous y ramena chaque jour plutôt deux fois qu'une, & presque jamais nous n'y vînmes sans nous baigner.

Les diverses constructions que M. Kasloff ordonna pour la plus grande commodité de son établissement, nous retinrent encore deux jours. Ce commandant, animé de l'amour du bien & de l'humanité, jouissoit du plaisir d'avoir procuré à ses pauvres Kamtschadales des bains aussi salubres qu'agréables. Leur peu de lumières, ou peut-être leur insouciance les en eût privés fans fon fecours, malgré l'extrême confiance qu'ils avoient en ces fources chaudes pour la guérifon de bien des maux *(b)*. C'eft ce qui fit defirer à M. Kafloff de connoître la propriété de ces eaux; il me propofa d'en faire avec lui l'analyfe, à l'aide d'une inftruction qui lui avoit été donnée à cet effet. Mais avant de parler des réfultats que nous avons obtenus, je crois néceffaire de tranfcrire ici cette inftruction, pour me rappeler les procédés que nous avons employés.

« Les eaux en général peuvent con-
» tenir :

» 1.º De l'air fixe, & alors elles ont
» un goût piquant & aigrelet, comme une
» limonade fans fucre.

» 2.º Du fer ou du cuivre, & alors
» elles ont un goût aftringent & défa-
» gréable, à peu-près comme l'encre.

1787,
Octobre.
Aux bains de Natchikin.

Inftruction pour faire l'analyfe de ces eaux thermales.

(b) Ils n'ofoient autrefois approcher de ces fources ni d'aucun volcan, dans l'idée que c'étoit le féjour des efprits infernaux.

1787,
Octobre.

Aux bains de
Natchikin.

» 3.º Du soufre ou des vapeurs sul-
» fureuses, & alors elles ont un goût nau-
» séabonde, comme un œuf de poule
» couvé & gâté.

» 4.º Des sels vitrioliques ou marins,
» ou des alkalis.

» 5.º Enfin de la terre. »

Air fixe.

« Pour connoître l'air fixe, le goût
» suffit en partie; mais versez dans l'eau
» de la teinture de tournesol, l'eau prend
» une couleur plus ou moins rouge,
» suivant la quantité d'air fixe qu'elle
» contient. »

Le Fer.

« Le fer se reconnoît par le moyen
» de la noix de Galle & de l'alkali
» phlogistique; la noix de Galle, versée
» sur une eau ferrugineuse, colore cette
» eau en pourpre ou en violet, ou en
» noir; & l'alkali phlogistique versé de
» même, produit sur le champ du bleu
» de Prusse. »

Le Cuivre.

« Le cuivre se reconnoît par le moyen
» de l'alkali phlogistique & de l'alkali
» volatil; le premier colore une eau cui-
» vreuse en rouge-brun, & le second en
» bleu: ce second moyen est plus sûr que
» le premier, parce que l'alkali volatil
» ne précipite que le cuivre, & non pas
» le fer. »

Le Soufre.

« On reconnoît le soufre & les vapeurs
» sulfureuses, en versant, 1.° de l'acide
» nitreux sur l'eau : s'il s'y forme un dépôt
» jaunâtre ou blanchâtre, c'est du soufre,
» & en même temps l'odeur sulfureuse
» s'exhale & se dissipe; 2.° en versant
» quelques gouttes de sublimé corrosif :
» s'il se forme un précipité blanc, l'eau
» ne contient que des vapeurs de foie
» de soufre; & si le précipité est noir,
» l'eau ne contient que du soufre. »

Sels vitrioliques.

« L'eau peut contenir des sels vitrio-

1787,
Octobre.
Aux bains de
Natchikin.

1787,
Octobre.
Aux bains de
Natchikin.

» liques, c'eſt-à-dire, des ſels réſultant de
» la combinaiſon de l'acide vitriolique
» avec de la terre calcaire, du fer, du
» cuivre, ou avec un alkali. On connoît
» la préſence de l'acide vitriolique, en
» verſant quelques gouttes de diſſolution
» de terre peſante; car alors il ſe forme
» un précipité grenu qui tombe lente-
» ment au fond du vaſe. »

Sel marin.

« L'eau peut contenir du ſel marin, ce
» que l'on reconnoît en verſant quelques
» gouttes de diſſolution d'argent; il ſe
» forme ſur le champ un précipité blanc,
» épais comme du lait caillé, qui, à la
» longue, devient d'un noir violet. »

Alkali fixe.

« L'eau peut contenir de l'alkali fixe,
» ce que l'on reconnoît en verſant quel-
» ques gouttes de diſſolution de ſublimé
» corroſif; car il ſe forme alors aſſez
» promptement un précipité rougeâtre. »

Terre

Terre calcaire.

1787,
Octobre.

« L'eau peut contenir de la terre
» calcaire & de la magnéfie. Quelques
» gouttes d'acide de fucre verfées fur
» l'eau, précipitent la terre calcaire en
» nuages blanchâtres qui tombent enfuite
» au fond, & dépofent une pouffière blan-
» che. Enfin quelques gouttes de diffo-
» lution de fublimé corrofif, produifent
» un précipité rougeâtre, mais très-lente-
» ment, fi l'eau contient de la terre de
» magnéfie. »

Aux fources
chaudes de
Natchikin.

« *Nota.* Pour que toutes ces expériences
» réuffiffent sûrement & promptement, il
» faut avoir foin de réduire l'eau qu'on
» analyfe à peu-près à moitié, en la faifant
» bouillir, excepté cependant le cas où
» l'eau contiendroit de l'air fixe, parce que
» cet air s'échapperoit par l'ébullition. »

Après avoir bien étudié l'inftruction
ci-deffus, nous commençâmes les expériences. Les trois premières n'ayant rien
produit, nous jugeâmes que l'eau ne

Réfultat
de nos expé-
riences.

1787,
Octobre.
Aux sources
chaudes de
Natchikin.

contenoit ni air fixe, ni fer, ni cuivre ; mais la combinaison de l'acide nitreux, indiquée pour la quatrième expérience, nous fit voir sur la superficie un léger dépôt blanchâtre & de peu d'étendue, qui nous donna lieu de croire que la quantité de soufre ou de vapeurs sulfureuses étoit infiniment petite.

La cinquième opération nous démontra que l'eau contenoit des sels vitrioliques, ou au moins de l'acide vitriolique combiné avec de la terre calcaire. Nous reconnûmes la présence de cet acide, en versant quelques gouttes de dissolution de terre pesante dans cette eau, qui devint blanche en forme de nuage ; & le sédiment qu'elle déposa lentement au fond du vase, nous parut d'un grain très-fin & blanchâtre.

Il nous manquoit de la dissolution d'argent pour faire la sixième expérience, & nous assurer si l'eau ne contenoit pas du sel marin.

La septième nous prouva qu'il n'y avoit point d'alkali fixe.

1787.
Octobre.
Aux sources
chaudes de
Natchikin.

Nous trouvâmes par la huitième opération, que l'eau contenoit une grande quantité de terre calcaire, mais point de magnéfie. Après avoir verfé quelques gouttes d'acide de fucre, nous vîmes la terre calcaire fe précipiter au fond du vafe en nuage & pouffière blanchâtres; nous y mêlâmes enfuite de la diffolution de fublimé corrofif pour chercher la magnéfie : mais le précipité, au lieu de devenir rougeâtre, conferva toujours la couleur qu'il avoit auparavant, lorfqu'il n'y avoit que de l'acide de fucre, preuve que l'eau ne contenoit point de magnéfie.

Nous fîmes ufage de cette eau pour le thé & pour notre boiffon ordinaire. Ce ne fut qu'après trois à quatre jours que nous nous aperçûmes qu'elle renfermoit quelques parties falines.

M. Kaffoff fit auffi bouillir de l'eau prife à la fource, jufqu'à ce qu'elle fût totalement évaporée; la terre ou pouffière blanchâtre & très-falée, qui refta au fond du vafe, l'effet qu'elle produifit phyfique-

D ij

ment sur nous, tout indique que cette eau contient des sels nitreux.

Nous remarquâmes encore que des pierres prises dans le ruisseau, étoient recouvertes d'une substance calcaire assez épaisse & frisée, qui a fait effervescence avec l'acide vitriolique & l'acide nitreux. Nous en ramassâmes d'autres à l'endroit même où ces eaux paroissoient prendre leur source, & où elles font le plus chaudes ; nous les trouvâmes revêtues d'une couche d'une espèce de métal, si je puis ainsi nommer cette enveloppe dure & compacte qui nous parut de la couleur du cuivre épuré , mais dont nous ne pûmes reconnoître la qualité : ce métal s'offrit ailleurs à nos yeux sous la forme de têtes d'épingles; jamais aucun acide ne put le dissoudre. En fendant ces pierres, nous vîmes que l'intérieur étoit très-tendre & mêlé de graviers. J'observai qu'il y en avoit une grande quantité dans ces sources.

Je dois ajouter ici que nous découvrìmes au bord du ruiffeau & dans un petit marais mouvant qui l'avoifine, une gomme ou *fucus* particulier, glutineux, & non adhérent à la terre *(a)*.

Telles font les obfervations que j'ai tâché de faire fur la nature de ces eaux thermales, en aidant M. Kaſloff dans ſes expériences & dans ſes recherches. Je n'oſe me flatter d'avoir réuſſi à en préſenter les réſultats d'une manière fatiſfaiſante; il ſe pourroit que, par oubli, ou par défaut de lumières, il m'eût échappé quelques erreurs dans le compte que j'ai rendu de nos opérations; je puis dire cependant que j'y ai donné toute mon attention & tous mes ſoins. Au furplus, je conviens d'avance que c'eſt à moi ſeul qu'il faut imputer tout ce qu'on pourroit y trouver de défectueux.

Pendant le temps que nous paſsâmes à

1787, *Octobre.* Aux ſources chaudes de Natchikin.

(a) M. Kaſloff en avoit donné une certaine quantité à M. l'abbé Mongés, pendant le ſéjour de ce naturaliſte de notre expédition à Saint-Pierre & Saint-Paul.

ces bains & à l'ostrog de Natchikin, nos chevaux avoient transporté en différens voyages les effets que nous avions laissés à Koriaki; & nous commençâmes à faire les dispositions nécessaires pour notre départ. Dans cet intervalle, je vis prendre une martre zibeline en vie, d'une façon qui me parut fort singulière, & qui peut donner une idée de la chasse de ces animaux.

A quelque distance des bains, M. Kaslof remarqua une troupe nombreuse de corbeaux qui voltigeoient presque sur un même endroit en rasant la terre. La constante direction de leur vol, lui fit soupçonner que quelque proie les attiroit. En effet, ces oiseaux poursuivoient une martre zibeline : nous l'aperçûmes sur un bouleau que d'autres corbeaux environnoient; nous eûmes aussitôt le même desir de la prendre. La manière d'y réussir la plus prompte & la plus sûre, eût été sans doute de la tuer à coup de fusil; mais nous avions renvoyé les nôtres au village où nous devions retourner nous-mêmes, & il ne s'en trouvoit pas un feul à emprunter parmi les perfonnes qui nous accompagnoient, ni dans les environs. Un Kamtfchadale nous tira heureufement d'embarras, en fe chargeant d'attraper l'animal ; voici comme il s'y prit : il nous demanda un cordon ; nous ne pûmes lui donner que celui qui attachoit nos cheveux. Pendant qu'il y faifoit un nœud coulant, des chiens dreffés à cette chaffe, avoient entouré l'arbre : l'animal occupé à les regarder , foit frayeur, foit ftupidité naturelle, ne bougeoit pas ; il fe contenta d'alonger fon cou, lorfqu'on lui préfenta le nœud coulant ; deux fois il s'y prit de lui-même, & deux fois ce lacs fe défit. A la fin la martre s'étant jetée à terre, les chiens voulurent s'en faifir ; mais bientôt elle fut fe débarraffer, & elle s'accrocha avec fes pattes & fes dents au mufeau d'un des chiens, qui n'eut pas fujet d'être content de cet accueil. Comme

D iv

nous voulions tâcher de prendre l'animal
en vie, nous écartâmes les chiens; la
martre quitta aussitôt prise, & remonta
sur un arbre, où, pour la troisième fois,
on lui passa le lacs, qui coula de nouveau;
ce ne fut qu'à la quatrième, que le Kamtfchadale parvint à la prendre *(b)*. Je
n'aurois jamais imaginé qu'un animal
qui a l'air aussi rusé, se laissât attraper
aussi bêtement, & présentât lui-même la
tête au piége qu'il voit qu'on lui tend.
Cette facilité de chasser les martres, est
d'une grande ressource aux Kamtschadales,
obligés de payer leurs tributs en peaux
de martres zibelines, ainsi que je l'expli-
querai plus bas *(c)*.

On observa, pendant les nuits du 13

_____

(b) M. Kasloff, qui présida à cette chasse, eut
la bonté de me faire cadeau de cette martre zibeline,
appelée *sobol* dans le pays, & me promit d'en
joindre une autre, pour que je pusse en mener un
couple en France.

(c) Ces fourrures sont non-seulement une branche
de commerce considérable, mais encore elles servent
en quelque sorte de monnoie à ces peuples.

& du 14, deux phénomènes dans le ciel, dans la partie du nord-oueft. D'après la defcription qu'on nous en fit, nous jugeâmes que c'étoient des aurores boréales, & nous regrettâmes de n'avoir pas été avertis à temps pour les voir. Le ciel avoit été affez beau pendant notre féjour aux bains; cependant la partie de l'oueft avoit prefque toujours été chargée de nuages très-épais. Le vent varia de l'oueft au nord-oueft, & nous amena de temps à autre des bouffées de neige qui ne put encore acquérir de folidité, malgré les gelées qu'on reffentit toutes les nuits.

Notre départ étant fixé au 17 octobre, nous paffâmes la journée du 16 dans les embarras qu'entraînent les derniers préparatifs. Nous devions faire le refte de notre voyage jufqu'à Bolcheretsk fur la Bolchaïa-reka. On avoit amarré deux à deux, & l'un contre l'autre, dix petits bateaux qui ne me parurent, à proprement parler, que des arbres creufés en

1787, *Octobre.*

Aux fources chaudes de Natchikin.

Le 16. Préparatif pour notre départ.

1787,
Octobre.

forme de pirogues; on en fit cinq radeaux pour le tranfport de nos perfonnes & d'une partie de nos effets. Il fallut bien fe réfoudre encore à en laiffer le furplus à Natchikin, vu l'impoffibilité de charger le tout fur ces radeaux, dont il n'y avoit pas moyen d'augmenter le nombre; car on avoit raffemblé tous les bateaux ou pirogues qui fe trouvoient dans ce village, & même on en avoit fait venir de l'oftrog d'Apatchin, où nous allions nous rendre.

Le 17.
Départ de
Natchikin,
& détails fur
notre route.

Le 17, à la pointe du jour, nous nous embarquâmes fur ces radeaux. Quatre Kamtfchadales, à l'aide de longues perches, dirigeoient nos embarcations; mais le plus fouvent ils furent obligés de fe mettre à l'eau pour les traîner, la rivière n'ayant en certains endroits qu'un à deux pieds tout au plus de profondeur, & dans d'autres moins de fix pouces. Bientôt un de nos radeaux fe rompit, c'étoit juftement celui qui portoit notre bagage; il fallut tout décharger fur la rive, pour le

raccommoder. Nous ne l'attendîmes point,
& nous préférâmes de nous en séparer
pour continuer notre route. A midi, un
autre accident, bien plus triste pour des
gens que leur appétit commençoit fort
à stimuler, nous força encore de retarder
notre marche ; le radeau sur lequel on
avoit embarqué notre cuisine, fut tout-
à-coup submergé à nos yeux. On conçoit
que nous ne vîmes pas avec indifférence
la perte dont nous étions menacés ; nous
nous empressâmes de sauver, comme nous
pûmes, les débris de nos provisions ; &
de crainte d'un plus grand malheur, nous
prîmes le sage parti de faire halte en cet
endroit pour y dîner. Cela nous fit insensiblement oublier notre peur, & nous
donna plus de courage pour vider l'eau
qui surchargeoit les pirogues , & pour
nous remettre en route. Nous n'eûmes
pas fait une verste, que nous rencontrâmes
deux bateaux qui venoient d'Apatchin
pour aider à notre transport. Nous les
envoyâmes porter du secours aux radeaux

1787,
Octobre.

1787.
Octobre.

avariés, & remplacer les pirogues qui feroient hors d'état de fervir. Comme nous
allions toujours en avant, à la tête de
toutes les embarcations, nous les perdîmes
à la longue entièrement de vue; mais
il ne nous arriva plus rien de fâcheux
jufqu'au foir.

J'obfervai que la Bolchaïa-reka, dans
les coudes qu'elle forme continuellement,
court à peu-près eft-nord-eft, & oueft-fud-
oueft. Son courant eft très-rapide; il m'a
paru pouvoir filer environ cinq à fix
nœuds par heure; cependant les pierres
& les bas-fonds qu'on y rencontre à
chaque inftant, nous difputoient tellement le paffage, qu'ils rendoient très-
pénible le travail de nos conducteurs,
qui les évitoient avec une adreffe extrême:
mais à mefure que nous approchâmes
davantage de l'embouchure de la rivière,
je m'aperçus avec plaifir qu'elle devenoit
plus large & plus navigable. Je ne fus
pas moins furpris de la voir fe divifer
en je ne fais combien de branches, & fe

rejoindre enfuite, après avoir arrofé plufieurs petites îles, dont quelques - unes
font couvertes de bois. Les arbres font
par-tout très-petits & très-fourrés; il
s'en trouve auffi un grand nombre qui
s'avancent çà & là dans la rivière; ce qui
ajoute encore à la difficulté de la navigation, & prouve l'infouciance, je dirai
même la pareffe de ces peuples. Il ne leur
vient pas en idée d'arracher au moins ces
arbres, pour fe frayer un paffage plus
facile.

Différentes efpèces d'oifeaux aquatiques,
tels que canards, pluviers, goëlands,
plongeons & autres, fe plaifent dans
cette rivière, dont ils couvrent parfois
la furface; mais il eft très-difficile de les
approcher, & par conféquent de les tirer.
Le gibier ne me parut pas fi commun.
Sans les traces d'ours & les poiffons à
moitié dévorés, qui s'offroient de tous
côtés à nos yeux, j'aurois cru qu'on m'en
avoit impofé, ou au moins qu'on avoit
exagéré, en me parlant de la quantité de

ces animaux qu'on me dit habiter ces campagnes; nous n'en pûmes découvrir aucun; mais nous vîmes beaucoup d'aigles noirs, & d'autres aux ailes blanches, des corbeaux, des pies, quelques perdrix blanches, & une hermine qui se promenoit sur le rivage.

Aux approches de la nuit, M. Kaslof jugea avec raison, qu'il seroit plus prudent de nous arrêter que de continuer notre route, avec la crainte de rencontrer des obstacles pareils à ceux qui pendant le jour avoient embarrassé notre navigation. Comment les surmonter? nous ne connoissions point la rivière, & le moindre accident peut devenir très-funeste, s'il survient dans l'obscurité de la nuit. D'après ces réflexions, nous décidâmes de mettre à terre sur la rive droite, au bord d'un petit bois, près l'endroit où M. King & sa suite firent halte *(d)*. Un bon feu réchauffa & sécha tout notre monde.

_(d)_ Voyez le troisième voyage de Cook.

M. Kasloff avoit eu la prévoyance de se réserver, sur son embarcation, les moyens d'y placer sa tente; & pendant qu'on la dressoit, ce qui fut fait en un instant, nous eûmes la satisfaction de voir arriver deux radeaux qui étoient restés en arrière. Le plaisir que nous fit cette réunion, la fatigue de la journée, la commodité de la tente, & la précaution que nous avions eue de prendre nos lits avec nous, tout contribua à nous faire passer la meilleure nuit possible.

Le lendemain, notre appareillage se fit sans beaucoup de difficultés, & de très-bonne heure. Nous fûmes en quatre heures à Apatchin, mais nos radeaux ne purent nous conduire jusqu'au village, à cause du peu de profondeur de la rivière en ce lieu. Nous débarquâmes à environ quatre cents pas de l'ostrog, & nous fîmes ce trajet à pied.

Ce village ne me parut pas si considérable que les précédens, c'est-à-dire, qu'il renferme peut-être trois ou quatre

1787.
Octobre.

Le 18.
Arrivée à
Apatchin, &
notes sur ce
village.

habitations de moins. Il eſt ſitué dans une petite plaine qu'arroſe une branche de la Bolchaïa-reka; & l'on découvre ſur la rive oppoſée à l'oſtrog, une étendue de bois que je jugeai pouvoir être une île formée par les différens bras de cette rivière.

Je ſus en paſſant, que l'oſtrog d'Apatchin, ainſi que celui de Natchikin, n'avoient pas toujours été où ils ſont aujourd'hui. Ce n'eſt que depuis quelques années, que les habitans, appelés ſans doute par l'attrait du ſite ou par l'eſpérance d'une pêche plus abondante & plus facile, ont tranſporté leurs demeures dans les lieux où je les ai vues. Les nouveaux emplacemens qu'ils ont choiſis, ſont, à ce qu'on me dit, à environ quatre à cinq verſtes des anciens, dont on ne voit plus aucun veſtige.

Apatchin ne m'offrit rien d'intéreſſant. J'en ſortis pour aller rejoindre nos radeaux qui avoient paſſé les bas-fonds, & qui nous attendoient à trois verſtes

de

de l'oſtrog, préciſément à l'endroit, où la branche de la Bolchaïa-reka, après s'être promenée à l'entour du village, rentre dans ſon lit. Plus nous deſcendîmes, plus nous la trouvâmes rapide & profonde; de ſorte que rien ne ralentit notre marche juſqu'à Bolcheretsk, où nous arrivâmes à ſept heures du ſoir, ſuivis d'un ſeul de nos radeaux, les autres étant demeurés en arrière.

A peine débarqué, M. le commandant me conduiſit à ſa maiſon, où il eut l'honnêteté de me donner un logement que j'ai occupé pendant tout le temps de mon ſéjour à Bolcheretsk. Je dois dire qu'il n'eſt ni ſoins ni attentions que je n'aye éprouvés de ſa part. Non-ſeulement il me procura toutes les commodités & tous les agrémens qui étoient en ſon pouvoir, mais encore il me fournit tous les renſeignemens qui pouvoient contribuer à mon inſtruction, & que ſa place lui permettoit de me donner. Sa complaiſance le porta ſouvent à prévenir mes

*Partie I.*ʳᵉ   E

1787,
Octobre.

Arrivée à
Bolcheretsk

1787,
Octobre.
A Bolcheretsk.

deſirs & mes queſtions, & à ſtimuler ma curioſité, en lui offrant tout ce qu'il jugeoit ſuſceptible de l'intéreſſer. Ce fut dans cette intention qu'il me propoſa preſqu'en arrivant, d'aller avec lui à la découverte de la galiote d'Okotsk *(e)*, qui venoit d'échouer déſaſtreuſement à peu de diſtance de Bolcheretsk.

Naufrage
de la galiote
d'Okotsk.

Nous avions appris en partie ce triſte événement ſur notre route. On nous avoit rapporté que le mauvais temps *(f)* que cette galiote avoit eſſuyé à ſon aterrage, l'avoit forcée de mouiller à une lieue de la côte ; mais qu'ayant chaſſé ſur ſes ancres, le pilote n'avoit pas vu d'autre moyen de

---

(e) Ce navire eſt expédié chaque année par ordre du gouvernement, pour le tranſport de toutes ſortes de denrées & autres objets deſtinés pour l'approviſionnement des habitans de la péninſule.

(f) Le vent étoit en effet grand frais du nord-oueſt, & le temps extrêmement couvert : nous reſſentîmes une partie de ce coup de vent dans notre route de Natchikin à Bolcheretsk, le lendemain du naufrage de la galiote ; mais il fut bien plus violent encore la nuit de notre arrivée.

fauver l'équipage que de fe jeter à la côte; qu'en conféquence il avoit coupé les câbles, & que fon bâtiment étoit venu s'y brifer.

A la première nouvelle, les habitans de Bolcheretsk s'étoient raffemblés à la hâte pour voler au fecours de ce navire, & pour effayer de fauver au moins les vivres dont il étoit chargé. M. Kafloff, en arrivant, avoit donné tous les ordres qui lui avoient paru néceffaires; mais peu tranquille fur leur exécution, il fe décida bientôt à fe rendre lui-même fur les lieux. Il m'invita donc à l'accompagner, ce que j'acceptai avec tranfport, me faifant un grand plaifir de voir l'embouchure de la Bolchaïa-reka, & le port qu'elle forme en cet endroit.

Nous partîmes à onze heures du matin, fur deux radeaux, dont un (celui qui nous portoit) étoit compofé de trois bateaux. Nos conducteurs fe fervoient de rames, & quelquefois de leurs perches, qui, dans les paffages embarraffés & peu

profonds, leur aidoient le plus souvent
à lutter contre la violence du courant,
en retenant l'embarcation qu'il entraînoit
& qu'il eût fait échouer immanquablement
sans cette manœuvre.

La Bistraïa, autre rivière très-rapide &
plus large que la Bolchaïa - reka, se réunit
à cette dernière à une demi-verste, & à
l'ouest de Bolcheretsk. Elle perd son
nom au confluent, pour prendre celui
de la Bolchaïa - reka, que cette jonction
rend plus considérable, & qui va se
jeter ensuite dans la mer, à environ
trente verstes de Bolcheretsk.

Nous mîmes pied à terre à sept heures
du soir dans un petit hameau appelé
Tchekafki. Deux isbas, autant de balagans & une yourte presque détruite, font
les seules habitations que j'y trouvai.
J'y vis encore une méchante remise
en bois, à laquelle on a donné le nom de
magasin, parce qu'il appartient à la couronne, & qu'on y transporte d'abord
les approvisionnemens dont les galiotes

d'Olkotsk *(g)* font chargées. C'eſt pour la garde de ce magaſin qu'a été établi le hameau. Nous paſsâmes la nuit dans un des deux iſbas, réſolus à nous rendre le lendemain matin au bâtiment naufragé.

Nous remontâmes au point du jour ſur nos radeaux. La mer étoit baſſe; nous côtoyâmes un banc de ſable fort étendu & à ſec; il tient à la rive gauche de la Bolchaïa-reka, en la deſcendant, & ne laiſſe dans la partie du nord qu'un paſſage de huit à dix toiſes en largeur, & de deux ſagènes & demie *(h)* de profondeur. Le vent qui ſouffloit bon frais du nord-oueſt, agita tout-à-coup la rivière, & ne nous permit pas de nous riſquer dans le chenal. Nos embarcations d'ailleurs étoient ſi petites, que chaque lame les

(g). Lorſque ces galiotes ſont forcées d'hiverner, elles ſe refugient dans l'embouchure d'une rivière étroite & profonde, qui ſe jette dans la Bolchaïa-reka, à cinquante pas du hameau, en la remontant.

(h) La *ſagène* eſt une meſure Ruſſe équivalente à la braſſe.

1787,
Octobre

Le 2.

1787,
Octobre.

Embouchure
de la Bolchaïa-
reka.

rempliſſoit à moitié; deux hommes tra-vailloient ſans relâche à les vider, & ils y ſuffiſoient à peine. Nous prolongeâmes donc tant que nous pûmes ce banc.

Alors nous aperçûmes le mât de la galiote au-deſſus d'une langue de terre qui s'avance vers le ſud. Ce bâtiment nous ſembla à deux verſtes dans le ſud de l'embouchure de la Bolchaïa-reka. A la pointe de cette terre baſſe dont je viens de parler, nous découvrîmes le fanal & la cabane de ceux qui le gardent; mal-heureuſement nous ne pûmes voir tout cela que de loin. La direction de la rivière, à l'endroit où elle ſe jette dans la mer, me parut nord-oueſt; elle y pré-ſente une ouverture d'environ une demi-verſte de largeur. Du côté gauche eſt donc placé le fanal, & de l'autre ſe trouve la continuation d'une terre baſſe que la mer ſubmerge dans les gros temps, & qui s'étend preſque juſqu'au hameau de Tchekafki. De ce dernier lieu juſqu'à l'embouchure, la diſtance eſt de ſix à huit verftes. Plus on approche de cette entrée, plus les courans font rapides.

Il n'y avoit pas moyen de pourfuivre notre navigation ; le vent augmentoit toujours, & les vagues groffiffoient de momens en momens. Il eût été de la dernière imprudence de quitter le banc de fable, pour traverfer, par un auffi mauvais temps & fur d'auffi frêles embarcations, un efpace de deux verftes de grande eau , largeur de la baie formée par l'embouchure de la rivière. M. le commandant, qui avoit déjà fait quelques épreuves de mes foibles connoiffances en marine, voulut bien alors me demander mon avis; il fut de virer de bord pour retourner à l'endroit dé notre couchée, ce qui fut fait auffitôt. Nous eûmes grandement à nous louer de notre prévoyance; à peine fûmes-nous arrivés à Tchékafki, que le temps devint affreux.

Je m'en confolai en penfant que j'avois au moins rempli mon but, qui étoit de voir cette entrée de la Bolchaïa-reka. J'ofe

1787.
Octobre.

Notes fur l'embouchure de la Bolchaïa-reka.

1787,
Octobre.
Tchekafki.

affurer qu'elle eft d'un abord très-dange-
reux & impraticable à des vaiffeaux de
cent cinquante tonneaux. Les naufrages
des bâtimens Ruffes font trop fréquens,
pour ne pas faire ouvrir les yeux aux
navigateurs qui voudroient tenter de vifiter cette côte, & aux nations qui pen-
feroient à les y envoyer.

Le port ne promet d'ailleurs aucun abri;
les terres baffes qui l'environnent ne peuvent en fervir contre les vents qui y
donnent de toutes parts. En outre, les
bancs qu'amène le courant de la rivière
font très-mobiles, & par la même caufe il
eft prefqu'impoffible de connoître parfaitement le chenal qui doit néceffairement,
de temps à autre, changer de direction,
& dont la profondeur eft indéterminée.

Ouragan
terrible.

Nous reftâmes le refte de la journée au
hameau de Tchekafki fans pouvoir nous
remettre en route, ni pour aller au vaiffeau
naufragé, ni même pour retourner à Bolcheretsk. Le ciel, au lieu de s'éclaircir,
s'étoit couvert de tous côtés de nuages

noirs & épais qui nous le mafquèrent tout le jour.

1787,
Octobre.
ATchekafki.

Peu d'inftans après notre arrivée, il s'étoit élevé une tempête effroyable, & la Bolchaïa - reka , auprès même de notre hameau, étoit dans la plus grande agitation. Cette houle me furprit, vu le peu de capacité de la rivière en cet endroit : la pointe nord - eft de l'embouchure & la terre baffe qui fe prolonge dans cet air de vent , ne formoient qu'un brifan , que les lames fubmergoient avec un bruit horrible. Le fpectacle de ce coup de vent ne l'étoit pas moins , mais j'étois à terre , & je crus pouvoir le braver ; il me prit fantaifie d'aller chaffer dans les environs ; je n'eus pas fait quelques pas , que, faifi par le vent, je me fentis chanceler : je tins bon & voulus fuivre mon idée & ma chaffe ; mais arrivé à un ruiffeau qu'il me fallut traverfer en bateau, je courus le plus grand danger , & je m'en revins fur le champ, bien corrigé de ma petite fanfaronade. Ces terribles

1787.
Octobre.

ouragans étant très-ordinaires dans cette
faifon, il n'eft pas étonant qu'il arrive tant
de naufrages fur ces côtes ; les bâtimens
font fi petits, ils n'ont qu'un feul mât, &
ce qu'il y a de pis, c'est que les marins
qui les conduifent, ne font guère dignes de
la confiance qu'on leur accorde, s'il faut
en croire ce qu'on m'en a rapporté.

Le 22.
Retour à
Bolcheretsk où
j'ai féjourné
jufque au 27
janvier 1788.

Le lendemain nous reprîmes notre
route pour retourner à Bolcheretsk, où
nous n'arrivâmes que le foir à nuit tombante.

Comme je prévois que mon féjour ici
fera peut-être fort long, puifque nous
fommes forcés d'y attendre l'établiffement
du traînage, je vais reprendre le fil de
mes defcriptions, & le récit de ce que
j'ai vu ou appris dans mes entretiens avec
les Ruffes & les Kamtfchadales. Commen-
çons par la ville ou le fort de Bolcheretsk,
car c'eft ainfi qu'on l'appelle en Ruffe
(oftrog ou krepoft).

Defcription de
Bolcheretsk.

Il eft fitué au bord de la Bolchaïa-reka
dans une île de peu d'étendue, formée

par les différentes branches de cette rivière, qui partagent la ville en trois parties plus ou moins habitées. Celle qui est la plus éloignée, & qui se trouve le plus à l'est, est une espèce de faubourg appelé *Paranchine;* il contient environ dix à douze isbas. En deçà, ou dans le sud-ouest de Paranchine, c'est-à-dire, dans la partie du milieu, on voit aussi plusieurs isbas, & entr'autres une rangée de petites baraques en bois qui servent de boutiques. Vis-à-vis est le corps-de-garde, qui est en même temps la chancellerie ou salle de justice *(i)* ; cette maison est plus grande que les autres, & elle est toujours gardée par une sentinelle. Un second petit bras de la Bolchaïa-reka sépare encore par un très-court intervalle, cet amas d'habitations bâties sans ordre

1787,
Octobre.

A Bolcheretsk,

(i) Ce corps-de-garde sert encore de prison, & même d'école pour les enfans. Le maître de cette école est un Japonois, sachant plusieurs langues, & payé par le gouvernement pour enseigner les enfans du pays.

& éparfes çà & là, de la troifième partie
de la place qui préfente, dans le nord-
oueft, un autre groupe de bâtimens plus
rapprochés de la rivière. Celle-ci court
dans cette partie fud-eft & nord-oueft,
& paffe à cinquante pas de la maifon du
commandant. Cette maifon fe diftingue
aifément des autres; elle eft plus élevée,
plus vafte, & bâtie dans le goût des maifons
en bois de Saint-Péterfbourg. A deux
cents pas au nord-eft de la demeure du
commandant, on trouve l'églife, dont la
conftruction eft fimple & femblable à celle
de toutes les églifes des villages Ruffes.
Auprès de celle-ci eft une charpente de
vingt pieds de haut, & recouverte feulement d'un toit, fous lequel font fufpendues
trois cloches. On découvre encore dans
le nord-oueft de la maifon du commandant, une autre petite portion de la place,
qui eft féparée de cette maifon par un
pré ou marais d'environ trois cents pas
d'étendue, & qui n'eft compofée que de
vingt-cinq à trente ifbas & de quelques

balagans. En général, il y a très-peu de ces dernières habitations à Bolcheretsk ; on en compte tout au plus dix ; le reste n'est qu'isbas ou maisons de bois, dont le nombre peut monter à cinquante ou soixante, sans y comprendre les huit boutiques, la chancellerie & la maison du commandant.

Cette description exacte du fort de Bolcheretsk, doit faire trouver étrange qu'on lui conserve ce nom ; car je puis attester qu'il n'y a pas traces de fortifications, & même il n'y a pas d'apparence qu'on ait jamais pensé à en construire en ce lieu. L'état, la position de cette place & de son port, tout me porte à croire qu'on a senti les dangers & les obstacles sans nombre qu'on auroit à surmonter, si l'on vouloit essayer de la rendre plus florissante, & d'en faire l'entrepôt général du commerce de toute la presqu'île. Les vues du gouvernement paroissent, ainsi que je l'ai dit, s'être plutôt tournées du côté du port de Saint-Pierre & Saint-Paul, dont

1787,
Octobre.
A Bolcheretsk.
Différence
remarquable
entre Saint-
Pierre & Saint-
Paul , & Bol-
cheretsk.

la proximité, le facile accès & la sûreté doivent lui mériter la préférence.

Il existe entre ces deux places une différence frappante; c'est le degré de civilisation que j'ai remarqué à Bolcheretsk, & que je n'ai point vu à Pétropavlofska. Ce rapprochement sensible des mœurs Européennes, établit une assez grande opposition entre ces deux endroits. J'aurai soin de la faire sentir & d'en indiquer la cause dans le cours de mes observations sur les habitans de ces ostrogs; car c'est ici où je dois chercher à donner des détails sur leurs travaux, leurs usages, leurs goûts, leurs amusemens, leur nourriture, leur esprit, leur caractère, leurs tempéramens; enfin sur les principes du gouvernement auquel ils sont soumis.

Population à
Bolcheretsk.

La population est à Bolcheretsk, d'environ deux à trois cents personnes, tant hommes que femmes & enfans. Parmi ces habitans, on compte, y compris les bas officiers, soixante à soixante-dix

Cosaques ou soldats qui font chargés de tous les travaux relatifs au service *(k)*. Ils montent la garde chacun à leur tour, nettoyent les chemins, raccommodent les ponts, déchargent les provisions envoyées d'Okotsk, & les transportent de l'embouchure de la Bolchaïa - reka jufqu'à Bolcheretsk. Le refte des habitans n'est composé que de négocians & de matelots.

Tous ces gens, Ruffes & Cosaques, parmi lesquels fe trouvent des métis, font un commerce furtif qui embraffe tantôt un objet & tantôt un autre; il varie auffi fouvent que l'occafion leur fait naître l'idée d'en changer, mais ce n'eft jamais dans la vue de s'enrichir par des voies honnêtes. Leur induftrie n'eft qu'une friponnerie continuelle; elle ne les porte qu'à tromper à la journée les

1787,
Octobre.
A Bolcheretsk,

Commerce frauduleux des Cosaques & autres.

____

(k) Leur paye eft fi médiocre, que la recette d'une année ne fuffiroit pas pour les faire vivre feulement un mois, s'ils n'avoient la reffource d'un petit commerce frauduleux dont je vais rendre compte.

1787,
Octobre.
A Bolcheretsk.

pauvres Kamtfchadales, que leur crédulité & un penchant invincible à l'ivrognerie, livrent fans réferve à la merci de ces dangereux brigands. Ceux-ci, à l'inftar de nos charlatans & d'autres fripons de cette efpèce, vont de villages en villages amorcer les trop foibles indigènes; ils leur propofent de leur vendre de l'eau-de-vie qu'artificieufement ils préfentent à goûter. Il eft prefque impoffible qu'un Kamtfchadale, homme ou femme, réfifte à cette offre. On conçoit que le premier effai eft fuivi de plufieurs autres; bientôt les têtes s'échauffent, fe perdent, & l'aftuce des vendeurs obtient en même temps le débit du refte de leur marchandife. A peine font-ils parvenus à enivrer les ac-quéreurs, qu'ils favent en tirer en échange ce qu'ils ont de plus précieux, c'eft-à-dire, toutes les pelleteries qu'ils peuvent avoir; & fouvent c'eft le fruit des peines d'une faifon entière, ce qui devoit fervir à payer le tribut à la couronne, ou même procurer, en le vendant, la fubfiftance

de

de la famille : mais aucune conſidération n'arrête un buveur Kamtſchadale ; tout eſt oublié, rien ne lui coûte pour ſe ſatisfaire. Dans leur abrutiſſement, ces malheureux ſe laiſſent ainſi tout enlever en un inſtant ; & le plaiſir momentané de vider quelques meſures d'eau-de-vie *(1)*,

1787, *Novembre.* A Bolcheretsk.

---

(1) On ſait que c'eſt la paſſion dominante chez tous les peuples du nord ; mais j'ai eu plus d'une fois occaſion d'obſerver que celui-ci ne le cède à aucuns. Voici un trait entr'autres qu'on m'a raconté ſur les lieux, pour me faire juger de la rapacité de ces commerçans vagabonds, & de la ſtupide prodigalité de leurs dupes.

Un Kamtſchadale avoit donné une martre zibeline pour un verre d'eau-de-vie ; brûlant d'en boire un autre, il invite le vendeur à entrer dans ſa maiſon : celui-ci remercie, ſe dit preſſé ; nouvelles inſtances de la part du buveur qui propoſe un ſecond marché ; à ce mot, l'autre ſe laiſſe entraîner. ═ « Encore un verre pour cette martre ; elle eſt plus » belle que la première. ═ Non, je dois garder » ce qui me reſte d'eau-de-vie ; j'ai promis de la » vendre à tel endroit, & je pars. ═ Un mo- » ment ; voici deux martres. ═ C'eſt inutile. ═ » Eh bien ! je mets la troiſième. ═ Allons, bois. » En même temps les trois martres ſont ſaiſies, &

*Partie I.*ʳᵉ   F

1787,
Novembre.
A Bolcheretsk.

les réduit à la dernière misère, sans que jamais l'expérience pénible qu'ils en font, leur apprenne à se tenir désormais en garde contre leur propre foiblesse, ni contre l'adroite perfidie de ces marchands, qui finissent à leur tour par boire presqu'aussitôt tout le gain qu'ils doivent à leur friponnerie.

Commerce
en général.

Pour terminer l'article du commerce, j'ajouterai que ceux qui le font plus en grand dans toute la presqu'île du Kamtschatka, ne font que des commis de négocians de Totma, Vologda, grand Ustiug, & de différentes villes de la Sibérie, ou des facteurs d'autres gros capitalistes, qui étendent jusque-là leurs spéculations de commerce.

---

notre homme fait de nouveau mine de sortir: son hôte redouble de cajoleries pour le retenir; il demande un troisième verre; autre refus, autres offres: plus le marchand fait le renchéri; plus le Kamtschadale prodigue les pelleteries. Qui croiroit qu'il finit par sacrifier pour ce dernier verre, sept martres zibelines de la plus grande beauté! c'étoit tout ce qui lui restoit.

1787,
Novembre.
A Bolcheretsk.

Toutes les marchandiſes & denrées, que la néceſſité oblige de prendre dans leurs magaſins, s'y vendent exceſſive-ment cher, & environ dix fois au-deſſus de leur valeur courante à Moſcou. Le vedro *(m)* d'eau-de-vie de France ſe paye ici quatre-vingts roubles. Le débit en eſt permis aux marchands ; mais celle de grains venant d'Okotsk, & celle qui ſe fait dans le pays avec de la *ſlatkaïa-trava* ou herbe douce, ſont vendues pour le compte du gouvernement, au prix de quarante-un roubles quatre-vingt-ſeize kopecks le vedro. On ne peut les vendre que dans les *kabacs* ou cabarets établis à cet effet. A Okotsk, le vedro de l'eau-de-vie de grains ne coûte que dix-huit roubles ; d'où il réſulte que les frais de tranſport peuvent s'évaluer à vingt-trois roubles quatre-vingt-ſeize kopecks, ce qui paroît exorbitant : qu'on juge d'après cela du bénéfice.

____

(m) Le *vedro* eſt une meſure qui revient à trente ou quarante bouteilles de pinte.

Les autres marchandifes d'importation
(*n*), je veux dire celles qui font envoyées
d'Okotsk, confiftent en nankins & quelques étoffes de Chine, & en divers objets
tirés des manufactures Ruffes & étrangères,
tels que des rubans, mouchoirs, bas,
bonnets, fouliers, bottes & autres arti-
cles qui entrent dans l'habillement des
peuples de l'Europe, & qui paroiffent
tenir au luxe, eu égard à l'extrême fimplicité du vêtement & des habitudes des
Kamtfchadales. On apporte auffi en denrées du fucre, du thé, du café en petite
quantité, très-peu de vin, des bifcuits,
des confitures ou fruits fecs, comme
prunes, raifins, &c. enfin des chandelles,
bougies, de la poudre, du plomb, &c.

La rareté de toutes ces marchandifes
dans un pays fi éloigné, & le befoin qu'on
en a, ou celui qu'on s'en fait, forcent à

(*n*) J'ai annoncé plus haut que le commerce
d'exportation étoit borné aux fourrures ; il fe fait
principalement par les négocians dont je viens de
parler.

les prendre au prix excessif qu'y met l'avidité du vendeur. Pour l'ordinaire, il en trouve le débit presqu'au moment de leur arrivée. Ces marchands tiennent boutique, ils occupent chacun une de ces baraques qui sont placées vis-à-vis le corps-de-garde ; ces boutiques sont ouvertes tous les jours, excepté les fêtes.

La manière de vivre des habitans de Bolcheretsk, ne diffère pas de celle des Kamtschadales ; cependant ils se plaisent bien moins sous des balagans, & leurs maisons sont un peu plus propres.

Les vêtemens sont les mêmes ; l'habit de dessus, qu'on nomme *parque*, a la forme des chemises de nos charretiers ; il est ordinairement de peaux de rennes (o) ou d'autres animaux qui sont tannées d'un côté. Ils portent dessous de longues culottes de pareils cuirs, & sur la peau une chemise fort courte & serrée, soit de

____

(o) Ils tirent ces vêtemens de peaux de rennes du pays des Koriaques.

1787,
Novembre.
A Bolcheretsk.

nankin, soit d'étoffe de coton ; les femmes en ont de soie, & c'est un luxe parmi elles. Les deux sexes mettent des bottes ; l'été elles sont de peaux de chèvres ou de chiens tannées, & l'hiver de peaux de loups marins ou de pieds de rennes *(p)*. Les hommes, en tout temps, se couvrent la tête avec de larges bonnets fourrés ; dans la belle saison ils endossent une plus longue chemise de nankin ou de peau sans poil ; elle est faite comme la parque, & leur sert au même usage, c'est-à-dire, qu'ils la passent par-dessus les autres vêtemens. L'habit de cérémonie & le plus distingué, est une parque bordée de peau de loutre & de velours, ou d'autre étoffe & de fourrure aussi chère. Les femmes sont vêtues de la même manière que les femmes Russes ; l'habillement de celles-ci est trop connu pour que j'aie besoin de le décrire ; j'observerai seulement que la

___

(p) Ces bottes s'appellent au Kamtschatka, *torbassi.*

cherté exceffive de toutes les efpèces
d'étoffes au Kamtſchatka, y rend la toilette
des femmes un objet de dépenſe confidérable ; auffi adoptent-elles quelquefois
l'accoutrement des hommes.

La nourriture principale de ces peuples
confiſte, comme je l'ai déjà dit, en poiſſons
féchés. Les hommes font eux-mêmes leurs
approviſionnemens de ce premier aliment,
tandis que les femmes vaquent aux travaux
de l'intérieur du ménage, & s'occupent à
ramaſſer les fruits & autres végétaux qui
font, après le poiſſon fec, les mets favoris des Kamtſchadales & des Ruſſes de
ces contrées. Lorſque ces femmes vont
faire ces récoltes pour la conſommation
de l'hiver, ce font pour elles autant de
jours de fêtes ; elles les célèbrent par des
tranſports d'une joie bruyante & effrénée, qui donne lieu parfois à des fcènes
bizarres & le plus fouvent indécentes.
Elles fe répandent en foule dans les
campagnes en chantant & s'abandonnant
à toutes les folies que leur imagination

1787,
Novembre.
A Bolcheretsk.

Alimens.

leur fuggère ; nulle crainte , nulle pudeur ne les retiennent. Je ne faurois mieux peindre leur extravagante frénéfie qu'en la comparant à celles des bacchantes du paganifme. Malheur à l'homme que le hafard amène & livre alors entre leurs mains ! quelque déterminé ou quelque agile qu'il foit , impoffible à lui de fe fouftraire au fort qui le menace ; il eft rare qu'il forte du combat fans avoir reçu une ample fuftigation.

Quant aux alimens, voici à peu-près comment les Kamtfchadales les préparent: on jugera par ce récit qu'on ne peut pas les foupçonner d'être délicats. Ils favent fur-tout ne rien perdre du poiffon; auffi-tôt pêché *(q)*, ils lui arrachent les ouïes, qu'ils fe hâtent de fucer avec un plaifir extrême. Par un autre rafinement de fenfualité ou de gloutonnerie, ils en coupent auffi fur le champ quelques morceaux tout faignans , & fouvent tout gelés , qu'ils

---

(q) J'entrerai dans un plus grand détail fur leurs pêches, lorfque je parlerai de leurs chaffes.

dévorent avec la même avidité. On achève enfuite de dépecer le poiffon, dont l'arête eft deftinée aux chiens. Le refte fe conferve & fe fait fécher pour l'hiver; alors on le mange bouilli, rôti, grillé, & le plus ordinairement tout cru.

Mais le mets que les palais connoiffeurs eftiment davantage, & qui m'a paru à moi le plus dégoûtant, c'eft une efpèce de faumon appelé *tchaouitcha*. Immédiatement après l'avoir pris, ils l'enterrent dans une foffe; ils l'oublient dans cet étrange garde-manger, jufqu'à ce qu'il ait eu le temps de s'y bien aigrir, ou, pour parler plus jufte, de s'y pourrir complétement. Ce n'eft qu'à ce point de corruption, qu'il acquiert la faveur qui flatte le plus la friandife de ces peuples. A mon avis, l'odeur infecte qui s'exhale de ce poiffon, fuffiroit pour dégoûter l'homme le plus affamé; & cependant un Kamtfchadale fe délecte à manger toute crue cette chair putréfiée. Qu'il fe trouve heureux fur-tout quand il tient

1787,
Novembre.
A Bolcheretsk

1787,
Novembre.
A Bolcheretsk.

la tête! c'eſt le morceau par excellence; on la coupe en pluſieurs parts. J'ai voulu parfois vaincre ma répugnance pour goûter légèrement de ce mets ſi recherché; jamais je n'ai pu me réſoudre, non pas à y mettre la dent, mais ſeulement à l'approcher de ma bouche; chaque fois l'exhalaiſon fétide qu'il répand au loin, m'a donné des nauſées, & m'a repouſſé invinciblement.

Des truites & des ſaumons de pluſieurs eſpèces, ſont les poiſſons les plus communs au Kamtſchatka : on mange auſſi des loups marins, & la graiſſe de ce poiſſon eſt trouvée très - bonne; on s'en ſert pour faire de l'huile à brûler.

Parmi les différens végétaux qui entrent pareillement dans la nourriture des Kamtſchadales, ils ſont principalement uſage de la racine de ſarana, de l'ail ſauvage, de la ſlatkaïa-trava ou herbe douce, & de quelques plantes & autres fruits qui ſont à peu - près les mêmes qu'en Ruſſie.

La racine de farana eft connue des bo-
taniftes *(r)* fa forme, fa groffeur & fa
couleur ont été décrites fort au long dans
le troifième voyage de Cook. Cette racine farineufe tient lieu de pain *(ſ);* on
la fait fécher avant de la faire cuire; mais
de quelque façon qu'on l'apprête, elle eft
toujours très-faine & très-nourriffante.

De l'ail fauvage *(t)* on fait une efpèce de boiffon aigre & fermentée qui
a un très-mauvais goût; il eft encore employé dans diverfes fauces, ces peuples
l'aiment beaucoup.

1787,
A Bolcheretsk.

Boiffons.

(r) Sous cette dénomination : *lilium flore atro
rubente.*

(ſ) Les Cofaques ufent en outre de la farine
de feigle; ils en font un pain noir femblable à
celui des payfans Ruffes. Le gouvernement leur
donne une certaine quantité de cette farine; mais elle
eft toujours infuffifante, & ils font forcés de s'en
approvifionner à leurs frais; quelques-uns en font
des accaparemens pour gagner enfuite fur la vente.

(t) On l'appelle au Kamtfchatka *tfcheremtfcha.*
Gmelin le défigne ainfi : *allium foliis radicalibus
petiolatis, floribus umbellatis,* tome I, page 49.

1787,
Novembre.
A Bolcheretsk.

La flatkaïa-trava ou herbe douce est assez agréable lorsqu'elle est fraîche. Les Anglois sont aussi entrés dans de grands détails sur cette plante *(u)*, que les naturels du pays estiment fort, sur-tout en distillation. Peu de temps après l'avoir cueillie ils la partagent par la moitié, & la ratissent avec une valve de moule pour en extraire la moelle; ils la font ensuite sécher pour l'hiver, & lorsqu'ils veulent s'en servir dans leurs ragoûts, ils la font bouillir. La flatkaïa-trava ou cette herbe douce s'emploie aussi pour faire de l'eau-de-vie *(x)*, vendue dans le pays, ai-je dit plus haut, pour le compte du gouvernement qui

(u) Spondilium foliolis pinnatifidis. Voyez Linn. Le suc qui sort de la pellicule de cette plante a une telle malignité, que la main ne peut y toucher, sans enfler à l'instant; aussi a-t-on grand soin de mettre des gants pour la cueillir.

(x) Cette eau-de-vie enivre encore plus vîte que celle de France; quiconque en boit, est sûr d'être extrêmement agité pendant la nuit, & de se trouver le lendemain sombre & inquiet comme s'il avoit fait un mauvais coup.

achette alors cette plante des Kamtſchadales.

On compte trois ſortes d'habitans, les
Naturels ou Kamtſchadales, les Ruſſes &
Coſaques, & les Métis ou les individus
ſortis du mélange de ces deux races.

Les indigènes, c'eſt-à-dire, ceux dont
le ſang n'eſt pas mêlé, ſont peu nombreux;
la petite vérole en a enlevé les trois
quarts, & ce qui reſte eſt répandu dans
les divers oſtrogs de la preſqu'île; mais
dans Bolcheretsk, on auroit peine à en
trouver un ou deux.

Les vrais Kamtſchadales ſont en général
d'une taille au-deſſous de l'ordinaire; ils
ont la figure ronde & large, les yeux
petits & enfoncés, les joues ſaillantes, le
nez écraſé, les cheveux noirs, preſque
point de barbe, & le teint un peu baſané.
Celui de la plupart des femmes, &
leurs traits, ſont à peu-près les mêmes;
on ne les croira pas, d'après ce portrait,
des objets bien ſéduiſans.

Le caractère des Kamtſchadales eſt doux

1787,
Novembre.

A Bolcheretsk.
Habitans du
Kamtſchatka.

Indigènes.

1787.
Novembre.
A Bolcheretsk.

& hospitalier ; ils ne sont ni fourbes ni voleurs ; ils ont même si peu de finesse, qu'il n'y a rien de plus facile que de les tromper, comme on l'a vu, en profitant de leur penchant à l'ivrognerie. Ils vivent entr'eux dans la meilleure intelligence ; il semble qu'ils se tiennent davantage, en raison de leur petit nombre ; cette union les porte à s'aider mutuellement dans leurs travaux, & ce n'est pas une médiocre preuve de leur zèle à s'obliger, si l'on considère leur paresse naturelle, qui est extrême. Une vie active leur feroit insupportable ; & le souverain bonheur à leurs yeux, après celui de s'enivrer, c'est de n'avoir rien à faire, de vivre dans une douce indolence. Elle est telle chez ces peuples, qu'elle leur fait négliger les moyens de pourvoir aux premiers besoins de la vie : on a vu plus d'une fois des familles entières réduites, l'hiver, aux dures extrémités de la disette, pour n'avoir pas voulu se donner la peine de faire, pendant l'été, leurs provisions de poiffon , qui eft pourtant pour eux l'aliment de première néceffité. S'ils oublient ainfi leur propre exiftence, on conçoit qu'ils font encore moins foigneux fur l'article de la propreté; elle ne brille ni fur eux, ni dans leurs demeures; on pourroît même leur reprocher de donner dans l'excès contraire. Malgré cette infouciance & les autres défauts des naturels, on eft réduit à regretter que leur nombre ne foit pas plus confidérable; car, d'après ce que j'ai vu & ce qui m'a été confirmé par plufieurs perfonnes, pour être fûr de rencontrer en ce pays des fentimens d'honneur & d'humanité, il faudroit les chercher chez les vrais Kamtfchadales; ils n'ont pas encore troqué leurs groffières vertus contre les vices polis que leur ont apportés les Européens deftinés à les civilifer.

Mais c'eft à Bolcheretsk où j'ai commencé à apercevoir les effets de leur influence. J'y ai vu, en quelque forte, la trace des mœurs Européennes, moins

1787,
Novembre.
A Bolcheretsk.

Réflexions
fur les mœurs
des habitans de
Bolcheretsk.

encore dans le mélange des races, dans
l'idiome & la conformation des traits
des habitans, que dans leurs inclinations
& leur manière d'être, qui n'annoncent
pas toujours un très-grand fond de vertu.
Cette différence remarquable entr'eux
& les indigènes, ne provient, selon moi,
que d'un acheminement pénible à la civilisation; & voici sur quoi je fonde mon
opinion à ce sujet.

Bolcheretsk étoit, il n'y a pas encore
long-temps, le chef-lieu du Kamtschatka,
sur-tout depuis que les commandans
avoient jugé à propos d'y établir leur résidence. Ces chefs & leurs suites y appor-
tèrent les connoissances & les mœurs des
Européens : on sait que celles-ci s'altèrent
ordinairement dans la tradition, à mesure
qu'elles s'éloignent davantage de la source;
il est à présumer cependant que le gouvernement Russe ne confia, autant qu'il lui
fut possible, son autorité & l'exécution
de ses ordres, qu'à des officiers d'un mérite reconnu, si j'en juge par ceux qui
en

en font chargés aujourd’hui; d’après cela, il faut croire que ces commandans & autres officiers ne donnèrent, dans les lieux de leur réfidence, que des exemples de vertus, de lumières & de toutes les qualités eſtimables des peuples civilifés. Malheureuſement les leçons qu’ils offrirent ne furent pas toujours fuffifantes, c’eſt-à-dire, qu’elles ne produifirent pas tout l’effet qu’on pouvoit en attendre, foit parce que ne préfentant que des aperçus, elles ne furent pas aſſez fenfibles, foit plutôt parce que n’ayant pu fe répandre dans leur perfection, elles ne laiſsèrent dans les efprits que des impreſſions éphémères ou même vicieufes.

Ces réformateurs ne trouvèrent pas le même zèle dans les Cofaques qui compofent les garnifons, ni dans les négocians & autres émigrans Ruſſes, qui fe font établis dans cette péninfule. Le penchant à la licence, & l’amour du lucre, que portent prefque toujours dans un pays conquis les colonies des vainqueurs, de

Partie Ire   G

femblables difpofitions développées par la facilité de faire des dupes, dûrent arrêter les progrès de la réforme. Le germe funefte de ces inclinations s'y propagea plus promptement par les alliances, tandis que les femences des vertus fociales, qu'on avoit tâché d'y répandre, furent à peine recueillies.

Il en eft réfulté que les naturels ou vrais Kamtfchadales, ont gardé affez généralement leur ignorante fimplicité & la rudeffe de leurs mœurs, & qu'une partie des autres habitans Ruffes & métis, qui de préférence fe font fixés dans la réfidence des chefs, ont bien confervé une foible nuance des mœurs de l'Europe, mais non pas de ce qu'elles offrent de plus parfait. On en a déjà vu la preuve dans ce que j'ai dit de leurs principes dans le commerce, & j'ai été à portée de m'en convaincre encore mieux pendant mon féjour à Bolcheretsk, par une étude plus fuivie de fes habitans, qui, fans cette nuance, reffembleroient prefque en tout aux indigènes.

M. Kasloff, &, à son exemple, tous ceux qui l'accompagnoient, donnèrent successivement aux dames de cet ostrog, plusieurs fêtes ou bals; elles y vinrent toutes chaque fois avec autant d'empressement que de joie. J'eus lieu de voir qu'on ne m'avoit pas trompé, en m'assurant que ces femmes, les Kamtschadales comme les Russes, aiment toutes le plaisir; elles en sont si avides, qu'elles ne peuvent le cacher. Les filles sont toutes étonnamment précoces, & ne paroissent point tenir de la froideur du climat.

Pour les femmes de Bolcheretsk qui se rendirent à nos assemblées, & qui la plupart étoient ou d'un sang mêlé ou nées de père & mère Russes, j'observai que leurs figures en général n'étoient pas désagréables; j'en vis même plusieurs qui pouvoient passer pour jolies: mais la fraîcheur chez elles n'est pas de longue durée; ce sont sans doute les enfans, ou les ouvrages pénibles auxquels elles sont assujetties, qui les fanent ainsi presqu'à la fleur

G ij

1787,
Novembre &
Décembre.
Bals donnés
aux dames de
Bolcheretsk,
& remarques
faites dans ces
bals,

1787.
Novembre &
Décembre.
A Bolcheretsk.

de leur âge. Leur humeur est joyeuse &
d'une vivacité piquante, peut-être un peu
aux dépens de la décence; elles cherchent
d'elles-mêmes à amuser la société par tout
ce que leur gaieté & leurs jeux peuvent
leur fournir : elles aiment à chanter & le
son de leur voix est doux & assez agréable;
il seroit seulement à desirer que leur musique sentît moins le terroir, ou se rappro-
chât davantage de la nôtre. Elles parlent le
Russe & le Kamtschadale , mais elles
conservent toutes l'accent de ce dernier
idiome. Je ne m'attendois guère à voir
danser ici des polonnoises & encore moins
des contredanses dans le goût des angloises:
qui croiroit qu'on y a même une idée du
menuet ? Soit que mon séjour sur mer
pendant vingt-six mois, m'eût rendu peu
difficile, soit que les souvenirs que ce spectacle me retraçoit, m'eussent fasciné les
yeux, je trouvai que ces danses étoient
exécutées avec assez de précision & plus
de grâce que je n'aurois imaginé. Les
danseuses dont il est question, portent la

vanité juſqu'à dédaigner les chanſons & les danſes des Kamtſchadales. Pour achever de rendre compte de mes obſervations dans ces bals, j'ajouterai que la toilette des femmes ne laiſſe pas d'être ſoignée ; elles mettent tout ce qu'elles ont de plus galant, ou ce qu'elles jugent de plus précieux. Ces habits de bals & de cérémonie ſont princi-palement en ſoieries ; & l'on a vu à l'article du commerce, que ces vêtemens doivent leur coûter fort cher. Je finirai ce récit par une remarque que j'eus occaſion de faire, tant dans ces aſſemblées que dans celles des Kamtſchadales, auxquelles j'aſſiſtai enſuite ; c'eſt que le plus grand nombre des maris Ruſſes ou indigènes ne pa-roiſſent point jaloux ; ils ferment volon-tiers les yeux ſur la conduite de leurs femmes, & ſont on ne peut pas plus trai-tables ſur ce chapitre.

Les aſſemblées & fêtes Kamtſchadales où je me trouvai, m'offrirent un autre ſpectacle également curieux par ſa ſingula-rité : je ne ſais ce qui me frappa davantage

1787,
Décembre.
A Bolcheretsk.

Fêtes & dan-
ſes Kamtſcha-
dales.

G iij

1787,
Novembre &
Décembre.
A Bolcheretsk,

du chant ou de la danse ; celle-ci me parut tenir beaucoup de celle des Sauvages ; elle consiste à faire en mesure des mouvemens, ou plutôt des contorsions désagréables & difficiles, en poussant tout à-la-fois un son guttural & forcé, semblable à un hoquet prolongé, pour marquer le temps de l'air que chante l'assemblée, & dont les paroles sont le plus souvent vides de sens, même en Kamtschadale. Je notai un de ces airs que je crois devoir placer ici, pour donner une idée du chant & du mètre de ces peuples.

Ce qui signifie,

Daria (y), Daria, chante & danse encore.

Ce même air se répète ainsi à l'infini.

____

(y) Daria est un nom de baptème qu'on donne aux filles en Russie.

Ils aiment fur-tout à contrefaire dans leurs danfes les différens animaux qu'ils chaffent, tels que la perdrix & autres, mais l'ours principalement ; ils repré-fentent fa démarche lourde & ftupide, & fes diverfes fenfations ou fituations, c'eft-à-dire, les petits autour de leur mère, les jeux amoureux des mâles avec les femelles ; enfin leur agitation, lorfqu'ils viennent à être troublés. Il faut que ces peuples aient une connoiffance bien par-faite de cet animal ; ils ont, il eft vrai, de fréquentes occafions de l'obferver, & fans doute ils en font une étude particulière, car ils en rendent tous les mouvemens auffi-bien, je crois, qu'il eft poffible. Je demandai à des Ruffes plus connoiffeurs que moi, étant dans leurs chaffes plus habituellement aux prifes avec ces animaux, fi ces ballets pantomimes étoient bien exécutés ; ils m'affurèrent tous qu'il étoit difficile de rencontrer dans le pays de plus habiles danfeurs, & que les cris, la

1787,
Décembre.
A Bolcheretsk.

marche, & toutes les attitudes de l'ours étoient imités à s'y méprendre. Cependant n'en déplaise aux amateurs, ces danses, selon moi, ne sont pas moins fatigantes pour les spectateurs que pour les acteurs. On souffre réellement de voir ces danseurs se déhancher, se disloquer tous les membres, enfin s'époumoner, & tout cela pour exprimer l'excès du plaisir qu'ils goûtent dans ces bals bizarres, qui, je le répète, ressemblent aux divertissemens ridicules des Sauvages : à bien des égards, les Kamtschadales peuvent être mis sur la même ligne.

Chasse de
l'ours.

Après avoir rapporté avec quel art ces peuples contrefont les postures & tous les mouvemens de l'ours, qu'on pourroit appeler en quelque sorte leur maître à danser, ne seroit-il pas à propos de donner une idée de la façon dont ils chassent cet animal ? Ils l'attaquent de différentes manières ; parfois ils lui tendent des piéges : sous une trappe pesante, soutenue en l'air par un échaffaudage assez élevé, ils mettent un appât quelconque pour y attirer l'ours; celui-ci ne l'a pas plutôt senti & aperçu, qu'il s'avance pour le dévorer; en même temps il ébranle le foible support de la trappe, qui lui retombe sur le cou, & punit sa voracité, en lui écrasant la tête, & souvent tout le corps. C'est ainsi que depuis, en passant dans des bois, j'en ai vu de pris à ces piéges; ceux-ci restent tendus jusqu'à ce qu'un ours s'y soit attrapé: avant que cela arrive, il se passe quelquefois près d'un an. Cette façon de chasser l'ours, dira-t-on, n'exige pas une grande hardiesse, ni beaucoup de fatigues de la part des chasseurs; mais il en est une autre fort en usage en ce pays, & pour laquelle on jugera qu'il faut autant de force que de courage. Accompagné ou non, un Kamtschadale part pour aller à la découverte d'un ours; il n'a pour armes que son fusil, espèce de carabine dont la crosse est très-mince, plus, une lance ou épieu, & son couteau. Toutes ses provisions se bornent à un petit paquet,

1787,
Décembre.
A Bolcheretsk.

1787,
Décembre.
A Bolcheretsk

contenant une vingtaine de poiſſons ſé-
chés. Dans ce leſte équipage, il pénètre
dans l'épaiſſeur des bois & dans tous les
endroits qui peuvent ſervir de repaire
à l'animal. C'eſt pour l'ordinaire dans
les brouſſailles ou parmi les joncs, au
bord des lacs ou des rivières qu'il ſe
poſte & l'attend avec conſtance & intrépidité; s'il le faut, il reſtera ainſi en
embuſcade une ſemaine entière, juſqu'à
ce que l'ours vienne à paroître : dès
qu'il le voit à ſa portée, il poſe en terre
une fourche en bois qui tient à ſon
fuſil *(z)*. A l'aide de cette fourche, le
coup-d'œil acquiert plus de juſteſſe, & la
main plus d'aſſurance : il eſt rare qu'avec
une balle même aſſez petite, il ne touche
pas l'animal, ſoit à la tête, ſoit dans la
partie des épaules, ſon endroit ſenſible.
Mais il faut qu'il recharge dans la même

(z) Les Kamtſchadales ne ſauroient tirer ſans ce
point d'appui; ce qui entraîne des préparatifs fort
longs , & évidemment contraires à la célérité qui
fait le plus grand avantage d'un chaſſeur.

minute, car l'ours, fi le premier coup ne l'a pas renverfé, accourt *(a)* auffitôt pour fe jeter fur le chaffeur, qui n'a pas toujours le temps de lui en tirer un fecond. Il a recours alors à fa lance dont il s'arme à la hâte pour fe défendre contre l'animal furieux qui l'attaque à fon tour. Sa vie eft en danger *(b)*, s'il ne porte pas à l'ours un coup mortel; & l'on conçoit que, dans ces combats, l'homme n'eft pas conftamment le vainqueur; cela n'empêche pas les habitans de ces contrées de s'y expofer prefque journellement : ils ont

1787,
Décembre.
A Bolcheretsk.

(a) Il eft affez commun de le voir auffi prendre la fuite, malgré fa bleffure qu'il va cacher dans les buiffons ou dans les marais ; c'eft-là qu'en fuivant la trace de fon fang, on le retrouve ou mort ou expirant.

(b) On m'affura que l'ours quand il triomphe de fon agreffeur, lui déchire la peau du crâne, lui en couvre le vifage & fe retire. Suivant les Kamtfchadales, la vengeance de cet animal indique qu'il ne peut foutenir le regard de l'homme; ce préjugé bizarre entretient parmi eux l'opinion de leur fupériorité, & me femble donner la raifon de leur courage.

en vain fous les yeux les exemples fréquens de leurs compatriotes, qui y périffent; ils ne peuvent d'ailleurs partir pour
cette chaffe, fans penfer qu'il leur faudra
vaincre ou mourir; & jamais l'idée de
cette dure alternative ne les intimide ni
ne les arrête *(c)*.

Chaffes.

Ils chaffent à peu-près de même les
autres animaux, tels que les rennes, les
argalis ou béliers fauvages, appelés en
Ruffe *diki-barani*, les renards, les loutres,
les caftors, les martres zibelines, les

(c) Ils entreprennent cette chaffe dans toutes les
faifons de l'année, excepté lorfque la neige couvre
les campagnes ; ils ont alors une autre manière de
pourfuivre l'ours. On fait que l'hiver il fe retire
dans la tanière qu'il s'eft fabriquée pendant l'automne avec des branchages ; il y paffe le temps des
frimats à dormir ou à lécher fa patte ; c'eft-là que
les Kamtfchadales vont, fur leurs traîneaux, l'attaquer avec le fecours de leurs chiens, qui l'affaillent
& le contraignent à fonger à fa défenfe : il s'élance
de fon repaire & court à une mort à peu-près certaine ;
s'il refufe de fortir, il la trouve également fous les
débris de fa tanière où il eft affommé.

lièvres *(d)* &c. mais jamais ils n'ont les
mêmes rifques à courir; tantôt ils fe fervent de piéges, faits en bois ou en fer,
moins grands que ceux qu'ils tendent aux
ours, & reffemblant, pour la fimplicité du
mécanifme, à nos traquenards; l'unique
foin à prendre eft de les vifiter de temps
en temps : tantôt ils vont à l'affût, armés,
comme je l'ai dit; & la feule peine qu'ils
aient à éprouver, provient de la durée
de leur chaffe, lorfqu'ils ont épuifé leurs
vivres. Souvent ils fe réfignent à fouffrir
de la faim pendant plufieurs jours de fuite,
plutôt que de quitter la place fans avoir
tué & pris l'animal qu'ils pourfuivent :
mais ils fe dédommagent amplement de ces
jeûnes, en mangeant, fur lés lieux, le produit de leurs chaffes *(e)*, & en comptant
avec joie les peaux qu'elles leur procurent.

1787,
Décembre.
A Bolcheretsk.

(d) On a vu dans Cook la defcription de ces
divers animaux.

(e) Ils trouvent très-bonne la chair de l'ours,
des argalis & des rennes, cette dernière fur-tout;
elle a fait parfois mon plus grand régal.

Ils choififfent, pour chaffer ces animaux qui abondent au Kamtfchatka, les faifons où leur poil eft le plus beau. Au commencement de l'hiver on chaffe les martres zibelines; elles habitent pour l'ordinaire les arbes : on les diftingue par la partie du poil la plus près de leur peau, qui a la couleur & le nom de ceux fur lefquels elles fe plaifent davantage, comme bouleau, fapin, &c.

L'automne, l'hiver & le printemps font les faifons les plus favorables pour la chaffe des renards; on en diftingue quatre efpèces différentes : 1.° le renard d'un roux - blanc qu'on eftime le moins; 2.° le renard rouge ou d'un beau roux; 3.° le renard mêlé de roux, de noir & de gris, qui s'appelle *févadoufchka* ; 4.° le renard noir qui eft le plus rare, & celui dont on fait le plus de cas; fa couleur eft vraiment d'un noir foncé : on remarque feulement que les poils du dos qui font les plus longs, ont quelquefois à l'extrémité une teinte grisâtre; il y en a qui font fans prix. Enfin, je crois qu'on pourroit encore

compter deux autres efpèces de renards,
qu'on ne regarde pas ici comme tels, &
que nous appelons renard bleu & renard
blanc. Leurs noms en Ruffe font *golouboy,
peffets* & *beloy-peffets ;* leur poil eft plus
épais que celui des autres. En général, les
renards du continent font plus beaux que
ceux qu'on va chaffer dans les différentes
îles de l'eft *(f) ;* ils fe vendent infiniment
plus cher.

La chaffe des rennes s'entreprend dans
l'hiver, & celle des argalis dans l'automne.
Les loutres font ici extrêmement rares,
mais il y a une affez grande quantité d'her-
mines, & je ne fais pourquoi on ne fe
donne pas la peine de les chaffer ; il
paroîtroit qu'on n'en fait aucun cas.

Ces peuples font auffi leurs pêches en
différentes faifons : celle du faumon & des
truites a lieu en juin ; celle du hareng en
avril & mai ; enfin, celle du loup marin

1787,
Décembre.
A Bolcheretsk.

Pêches.

(f) Ce font les îles Aleutiennes, Schoumagines,
celles des Renards & autres.

dans l'été, le printemps & fur-tout l'automne.

Ils fe fervent rarement de feines & prefque toujours de filets ordinaires *(g)*, ou d'une efpèce de harpon dont ils font ufage avec beaucoup d'adreffe. Les feines ne fe jettent guère que pour prendre les loups marins; elles font faites de lanières de cuir, & les mailles en font fort ouvertes. Ils ont encore une autre manière de pêcher, c'eft en murant la rivière avec des poteaux & des branchages qui, très-ferrés, n'offrent au poiffon qu'un paffage étroit; fouvent on lui en laiffe plufieurs,

---

(g) Leurs filets font de ficelle comme les nôtres; ils l'achettent des Ruffes, & en font eux-mêmes avec de l'ortie dont ils ont foin de faire des amas confidérables. Ils la recueillent en automne, la lient par paquets, & la mettent fécher fous leurs balagans; dès que leurs pêches & les récoltes de fruits font achevées, ils travaillent à fa préparation; ils la partagent en deux, puis en ôtent très-adroitement la pellicule avec les dents; le refte eft battu & fecoué jufqu'à ce que le filament fe nettoie & devienne propre au filage.

à l'ouverture

à l'ouverture desquels font placés des pa-
niers difposés de façon que le poiffon
une fois entré n'en peut plus fortir.

Les chevaux font peu communs au
Kamtfchatka: j'en vis quelques-uns à Bolcheretsk qui appartiennent au gouvernement, & qui font confiés aux foins des
Cofaques; ils ne fervent que pendant l'été
pour le charroi des marchandifes & effets
de la couronne, & pour la commodité
des voyageurs.

En revanche, les chiens abondent en
ce pays, & fuffifent à tous les tranfports;
l'utilité dont ils font aux Kamtfchadales,
leur rend moins fenfible la privation des
autres animaux domeftiques: d'ailleurs
on a vu que la nourriture de ces courfiers n'eft ni embarraffante ni difpen-
dieufe; avec du poiffon pourri ou des
reftes de poiffon féché, leurs maîtres en
font quittes; encore ne fe chargent-ils
de les nourrir ainfi, que pendant le temps
qu'ils leur font néceffaires. En été, qui
eft la faifon de leur inaction, il eft d'ufage

Les chevaux
font rares.

Les chiens.

d'en lâcher une grande partie, à laquelle
on remet le foin de fa fubfiftance; ces
chiens favent très-bien y pourvoir, en fe
répandant dans les campagnes & en rô-
dant le long des lacs & des rivières: leur
exactitude à revenir enfuite chez leurs
maîtres, eft une des preuves les plus
étonnantes de la fidélité de ces animaux.
L'hiver arrive, & ils payent chèrement
la liberté & le repos momentannés dont
ils ont joui. Leurs travaux recommencent
avec leur efclavage; il faut que ces chiens
foient d'une vigueur extrême pour les
foutenir: leur groffeur cependant n'eft pas
extraordinaire; ils reffemblent affez parfaitement à nos chiens de montagne, ou
à ceux de nos bergers. Il n'eft point d'habitans Ruffes ou indigènes qui n'aient au
moins cinq chiens; ils s'en fervent pour
voyager, pour aller dans les forêts couper
du bois, pour le tranfporter ainfi que leurs
autres effets ou provifions; enfin, pour
mener les voyageurs d'un endroit à un
autre; & en vérité, des chevaux ne leur

rendroient pas plus de service. Ces chiens
font ordinairement attelés à un traîneau
deux à deux *(h)*: un feul eft à la tête &
fert de guide; c'eft au mieux dreffé ou au
plus intelligent qu'eft réfervé cet honneur; il comprend à merveille les termes
avec lefquels le conducteur dirige leur
marche: veut-il les faire aller à droite, il
leur crie *tagtag*, *tagtag*, & *kougha*, *kougha*
s'il faut aller à gauche; le chien favant
l'entend auffitôt, & donne à ceux qui le
fuivent l'exemple de l'obéiffance: *ah, ah*
les arrête, & *ha* les fait partir. Le nombre
des chiens attelés eft proportionné à la
charge du traîneau; lorfqu'elle n'excède

1787,
Décembre.
A Bolcheretsk.

(h) Ils fubiffent comme les chevaux la caftration,
mais d'une manière différente: on n'extirpe point,
on brife, & l'on fe fert des dents pour cette opération; il en périt quelques-uns, d'autres en reftent
eftropiés & hors d'état de fervir. Cependant on
conçoit qu'il feroit impoffible de faire autant d'ufage
de ces chiens s'ils étoient entiers; on ne pourroit
les atteler avec leurs femelles: mais on ne mutile
pas tous les mâles; on en garde un certain nombre
pour la confervation de l'efpèce, & affez fouvent
on s'en fert pour les chaffes.

H ij

pas de beaucoup la pesanteur de l'homme qui le monte, c'est ce qu'on appelle un traîneau ordinaire ou *sannka (i)* ; l'attelage alors est de quatre ou cinq chiens. Leur harnois *(k)* est en cuir ; il passe au-dessous du cou, c'est-à-dire, sur le poitrail de ces coursiers, & tient au traîneau par une courroie longue de trois pieds en guise de trait : on les attache en outre par couples au collier les uns des autres ; le plus souvent ce collier est recouvert d'un autre de peau d'ours, ce qui est un ornement.

Traîneaux.   La forme du traîneau est celle d'une corbeille alongée, dont les deux extrémités s'élèvent en se cintrant ; sa longueur est d'environ trois pieds, & sa largeur n'a guère plus d'un pied. Cette espèce de corbeille qui fait le corps du traîneau, est d'un bois très-mince ; les bords en

---

(i) Les traîneaux sur lesquels on charge les bagages se nomment *narta* ; ils sont attelés de dix chiens.

(k) Ces harnois Kamtschadales s'appellent *alaki.*

font évafés & garnis de courroies de différentes couleurs : une peau d'ours s'étend
fur l'endroit où l'homme s'affèoit. Cette
partie fupérieure du traîneau eft élevée
à environ trois pieds de terre, & porte
fur quatre jambes ; celles-ci s'écartent vers
le bas, & font fixées fur deux planches
parallèles, larges de trois à quatre pouces.
Ces planches ont très-peu d'épaiffeur ;
dans leur longueur elles excèdent le
corps du traîneau ; elles lui fervent
l'une & l'autre de points d'appui &
de patins ; à cet effet, elles font garnies,
chacune en-deffous dans le temps du dégel,
de trois à quatre lames d'os de baleine
de la même largeur, adaptées à ces patins
avec des bandes de cuir. Les deux bouts
que ces planches préfentent en avant,
fe recourbent en-deffus, & vont joindre
de chaque côté la traverfe qui s'abaiffe
en même temps pour foutenir une partie
du bagage ; le devant du traîneau eft
encore orné de rênes flottantes, ou lanières de cuir qui ne font d'aucun ufage.

H iij

1787,
Décembre.
A Bolcheretski

Le conducteur ne tient en fa main qu'un bâton arqué, qui eſt tout à la fois ſes guides & ſon fouet. A l'un des bouts de ce bâton ſont ſuſpendus des anneaux de fer, autant par ornement que pour animer les chiens par le bruit de ces eſpèces de grelots que l'on agite de temps en temps; l'autre bout eſt quelquefois armé d'un fer pointu, afin d'avoir plus de priſe ſur la glace & la neige; il ſert auſſi à guider l'ardeur de ces animaux. Ceux qui ſont bien dreſſés n'ont pas beſoin d'entendre la voix; il ſuffit de frapper de ce bâton ſur la neige pour les faire aller à gauche, ou ſur les jambes du traîneau pour les faire aller à droite, & pour les arrêter, on le poſe en avant entre le traîneau & la neige; enfin ſi leur train ſe ralentit, s'ils deviennent diſtraits & inattentifs aux ſignaux ou à la voix, on les corrige en leur jetant ce bâton *(1)*; mais alors il faut la plus grande adreſſe

---

(1) Ce bâton ſe nomme *oſchtol.*

pour le ramaffer, malgré la rapidité de
la courfe, & c'eft-là une des principales
preuves de l'habileté du conducteur : les
Kamtfchadales font fingulièrement adroits
à cet exercice. En général, je fus étonné
de leur dextérité à mener leurs traîneaux ;
& comme il étoit dit que je ferois bientôt trop heureux de profiter de cette
voiture, je crus devoir en faire fouvent
l'effai, moins pour m'y accoutumer, que
pour apprendre à me conduire moi-
même. On eut beau me repréfenter les
dangers auxquels je m'expofois en voulant me hazarder feul fur un traîneau,
avant d'avoir acquis affez d'habitude pour
pouvoir me paffer d'un guide ; à mon
âge on ne doute de rien, je n'écoutai
aucune obfervation. La légèreté de la
voiture pefant à peine dix livres, fon
élévation qui la rend plus fujette à verfer,
la difficulté d'y garder l'équilibre, enfin
les fuites que peut avoir une chute
lorfqu'on quitte le traîneau *(m)*; toutes

1787,
Décembre.
A Bolcheretsk.

____

(m) Les chiens ne fentant plus le même poids,

H iv

ces confidérations qu'on ne manqua pas de me mettre fous les yeux, ne purent m'intimider ni me dégoûter d'un apprentiffage auffi dangereux. Je m'élançai un jour fur mon nouveau char, confentant toutefois à être fuivi, & plufieurs traîneaux m'accompagnèrent. Ceux qui les montoient, n'attendirent pas long-temps pour me voir réalifer leurs prédictions; je leur donnai à très-peu de diftance le fpectacle d'une culbute complette; à peine relevé, nouvelle chute & nouveaux éclats de rire : malgré cela, je ne perdis pas courage, & me ramaffai promptement pour verfer une minute après. J'eus tout lieu de m'aguerrir contre ce défagrément, car à diverfes reprifes je payai le tribut de mon inexpérience; je tombai fept fois pour ce premier coup d'effai, mais fans me faire jamais aucun mal : je n'en revins que plus empreffé de prendre une

s'emportent au point qu'ils ne s'arrêtent quelquefois qu'après avoir brifé le traîneau contre des arbres, ou après s'être épuifés de fatigues.

seconde leçon, puis une troisième, puis
une quatrième; enfin je ne paffai guère
de jours fans faire quelque courfe. Le
nombre de mes chutes diminua, à mefure
que j'acquérois plus d'habitude & de favoir, & mes fuccès me rendirent fi ama-
teur de cet exercice, qu'en peu de temps
je me fis une forte de réputation; j'avoue
qu'il m'a fallu du travail pour m'habituer
à conferver l'aplomb néceffaire. Il faut
être pour ainfi dire dans un mouvement continuel; ici fe jeter fur la gauche
quand le traîneau incline vers la droite;
là fe reporter bien vîte fur la droite
parce qu'il penche vers la gauche; puis
enfin fe lever tout droit en d'autres cas,
& fi l'on manque de promptitude ou
d'attention, il eft rare qu'on ne foit pas
auffitôt renverfé : en tombant, il faut
encore ne pas abandonner le traîneau,
mais s'y accrocher de fon mieux, afin
de faire un poids fuffifant pour arrêter
les chiens qui fans cela s'emporteroient
comme je l'ai dit. La manière la plus

1787,
Décembre.
A Bolcheretsk.

'1787,
Décembre.
A Bolcheretsk.

ufitée de fe placer fur un traîneau, eft de s'y affeoir de côté, ainfi que nos dames font à cheval; on peut auffi s'y mettre à califourchon; mais le tour de force, le *nec plus ultrà* de l'adreffe & de la grâce, c'eft de favoir fe tenir debout fur une feule jambe; il fait beau voir les experts dans ces brillantes attitudes.

Manière de
chaffer le lièvre
& la perdrix.

Pour moi, dès que je fus en état de me conduire, je n'eus plus d'autre voiture; étant toujours accompagné, à caufe des chemins, j'allois tantôt me promener, tantôt chaffer le lièvre & la perdrix dont nous voyons les traces empreintes fur la neige *(n)*, & en fi grande quantité, qu'elle en paroiffoit picotée comme un crible: dans les bois, elle avoit parfois tant

---

(n) Les premières neiges tombèrent à Bolcheretsk le 5 novembre; elles furent fi abondantes, qu'elles couvrirent auffitôt les campagnes; mais les gelées ayant été plus tardives, & les coups de vent s'étant fuccédé prefque fans aucun intervalle, le traînage n'a pu s'établir parfaitement qu'affez long-temps après, ainfi qu'on le verra plus bas.

d'épaisseur, qu'il eût été impossible de faire un pas sans enfoncer; notre ressource alors étoit de quitter nos traîneaux dont nous ne pouvions plus nous servir, & nous les mettions sur le côté. Après avoir pris cette précaution qui suffit pour retenir les chiens, lesquels se couchent aussitôt en peloton sur la neige, & y attendent, sans bouger, le retour de leurs guides, nous nous attachions sous les pieds avec des courroies, des raquettes de planches très-minces *(o)*, larges chacune de six à huit pouces, & longues de trois à quatre pieds, dont le bout étoit recourbé en forme de patins, & le dessous garni de peau de loup marin ou de pied de renne. Munis de cette chaussure, nous commen-

1787,
Décembre.
A Bolcheretsk.

(o) Ces raquettes sont appelées dans le pays *ligi.* Dans la partie septentrionale de la presqu'île, on se sert d'une autre espèce de raquettes appelées *lapki;* celles-ci sont moins longues, & faites de bandes de cuir entrelacées, comme la ficelle de nos raquettes de paume; on y adapte en dessous deux petits os pointus qui entrent dans la neige & empêchent de glisser.

cions notre chaſſe; j'eus encore aſſez de peine dans les premiers temps à m'accoutumer à ces patins, je gliſſai plus d'une fois ſur le dos & ſur le nez; mais le plaiſir d'une bonne chaſſe me faiſoit oublier ces accidens. Quoiqu'il fût difficile de découvrir les lièvres & les perdrix, dont la blancheur égale celle de la neige, je ne manquois guère, grâce à l'habitude & aux avis de mes compagnons, d'en rapporter bon nombre.

Ce fut un de mes paſſe-temps les plus agréables à Bolcheretsk; le reſte de mes momens étoit employé à gémir, à m'impatienter de la longueur forcée de mon ſéjour. Pour me diſtraire, je m'empreſſai de ſaiſir le peu de beaux jours que nous eûmes pour viſiter quelques environs que j'ai revus depuis à mon départ, & dont je parlerai en reprenant ma route. La conſtruction de mes traîneaux de voyage *(p)* ne laiſſa pas auſſi de m'occuper,

---

(p) Eſpèce de carroſſe fermé où l'on peut ſe tenir

mais ma principale confolation fut la
fociété de M. Kafloff & des officiers de
fa fuite ; leurs converfations & des remarques que je fis fucceffivement, me
mirent chaque jour à même de prendre
des notes dont j'ai déjà tranfcrit une
grande partie, & vais donner ici la fuite.

L'article des maladies qui règnent au
Kamtfchatka fe préfente le premier : quelques détails défagréables qu'il exige, je ne
penfe pas devoir le fupprimer ; il a fait
partie de mes obfervations, il doit donc
trouver fa place dans mon journal.

La petite vérole dont j'ai annoncé
les ravages en ce pays, n'y paroît point
être indigène ; elle n'y eft pas non
plus fort ordinaire. Depuis l'invafion
des Ruffes & les fréquentes émigrations
qui l'ont fuivie, cette épidémie ne s'y

1788,
Janvier.
A Bolcheretsk.

Maladies.

couché, & qui s'adapte à un traîneau ; c'eft ce
genre de voiture qu'on nomme *verock* en Ruffie,
où elles font fort communes : la mienne étoit
garnie de peaux d'ours en dedans , & en dehors
de peaux de loups marins.

est montrée qu'en 1767 & 1768; elle y fut alors apportée par un bâtiment Russe allant aux îles de l'est pour les chasses de loutres, de renards, &c. Le sujet, porteur de ce germe fatal, étoit un matelot venant d'Okotsk, où il s'étoit fait traiter avant son départ; il avoit encore, à ce qu'on dit, les marques récentes de cette cruelle maladie : à peine débarqué, il la communiqua aux pauvres Kamtschadales, dont elle enleva les trois quarts; elle n'a point reparu depuis, ce qui fait présumer que ces peuples n'y sont point sujets. En l'année 1720, elle affligea ceux qui sont au nord du Kamtschatka, mais elle ne parvint pas jusque dans cette péninsule; elle avoit commencé à Anadirskoi, & l'on ignore qui l'y porta; on est tenté d'en accuser pareillement les Russes.

On pourroit soupçonner que les Kamtschadales leur doivent aussi la connoissance du mal vénérien, qui heureusement n'est pas commun chez eux; il paroît que ce fléau est exotique : la guérison en est aussi

rare que difficile; on a recours à différentes racines & au fublimé, qui produit
en ce pays, comme par-tout, des fuites
funeftes, y étant encore plus mal admi-
niftré qu'ailleurs.

Il n'y a point de boffus ni de boiteux
de naiffance; les feuls individus contre-
faits font ceux qui font des chutes confidérables, ce qui n'eft pas rare parmi les
Kamtfchadales, qui font expofés à tomber du haut de leurs balagans. Ils font
peu fujets au fcorbut; l'ufage qu'ils font
de l'ail fauvage & de différentes efpèces
de baies ou fruits, contribue à les en
préferver; les Ruffes & les nouveaux
débarqués font plus fouvent atteints de
cette maladie.

Les pulmonies y font affez fréquentes;
mais les clous, tumeurs, abcès & loupes
font les maux les plus ordinaires: on ne
fait les guérir que par les incifions &
les extirpations; on fe fert pour ces opérations, d'un couteau, ou tout fimple-
ment d'une pierre aiguifée qui fupplée à

1788,
Janvier.
A Bolcheretsk.

1787,
Janvier.
A Bolcheretsk.

la lancette. De pareils inftrumens ne doivent pas donner une haute opinion du favoir des opérateurs, & il eft aifé de voir que l'art de la chirurgie, fi perfectionné chez nous, eft encore dans la plus grande barbarie au Kamtfchatka.

Médecins
forciers.

La médecine ne paroît pas y avoir fait plus de progrès; à fon égard cependant il faut convenir que ces peuples ont déjà gagné quelque chofe, c'eft d'avoir appris à fe défier de leurs fourbes & ridicules empiriques. C'étoient autrefois de foi-difant forciers appelés *Chamans*, qui profitant de la crédulité des Kamtfchadales, s'érigeoient de plus en docteurs en médecine, & s'afluroient ainfi de doubles droits à la vénération & à la confiance *(q)*. Leur accoutrement bizarre contribuoit encore à en impofer, & s'accordoit merveilleufement avec leurs

---

(q) J'ai eu depuis dans un oftrog, à quelque diftance de Bolcheretsk, occafion de prendre à leur fujet des renfeignemens plus détaillés, que l'on trouvera à mon féjour en ce village.

extravagantes

extravagantes momeries : ce qu'on m'en
a dit paſſeroit toute croyance, ſi nous ne
connoiſſions pas les Bohémiens & autres
ſorciers de cette eſpèce. On ne ſe fait pas
d'idée des ſingeries de ces faux médecins,
ni des impertinences qu'ils débitoient
pour aſſaiſonner leurs ordonnances ou
leurs prétendues révélations. Il eſt probable que leurs cures avoient ſouvent de
fâcheuſes iſſues, & que le nombre de leurs
victimes égaloit celui de leurs malades;
mais à la longue on s'ennuie d'être
dupe, ſur-tout au péril de la vie; on
commence par murmurer contre les im-
poſteurs qui perdent inſenſiblement leur
crédit, & finiſſent par tomber dans le
mépris & dans l'oubli. C'eſt ce qui eſt
arrivé aux Chamans ; le peu de lumière
que le commerce des Ruſſes a répandu
dans ces contrées, a ſuffi pour deſſiller les
yeux des habitans. Ils ont auſſitôt reconnu
l'abſurdité de l'art magique de leurs docteurs ; dès qu'il ceſſa d'être reſpecté, il
devint bien moins lucratif, & les profits

1788,
Janvier.
A Bolcheretsk.

Partie I.ʳᵉ　　　　I

diminuant, le nombre des forciers ne tarda pas à décroître. Les hommes dégoûtés du métier l'abandonnèrent; ils furent remplacés par quelques vieilles femmes qui sans doute font moins habiles, & par conféquent peu achalandées *(r)*.

Les femmes en ce pays ont rarement plus de dix enfans, leur taux ordinaire eft quatre ou cinq; à quarante ans elles

---

(r) La révolution qui s'eft opérée au Kamtfchatka pour les Chamans, n'eft-elle pas abfolument l'hiftoire de tous nos charlatans! mêmes fourberies à peu-près, même règne & même chute. Quelles réflexions on pourroit encore faire à ce fujet! par exemple que des peuples auffi fimples qu'ignorans, tels que les Kamtfchadales, aient été quelque temps dupes des impoftures de leurs forciers, il n'y a rien d'étonnant, & ils font bien excufables : mais avec tant d'impéritie & de crédulité, d'être revenus de leur erreur & d'en rougir, c'eft de quoi, ce me femble, il faut être furpris & les féliciter; car enfin, chez les nations de l'Europe les plus éclairées, ne voit-on pas paroître chaque jour des efpèces de Chamans auffi perfides, auffi dangereux! Tous ont cependant leurs apôtres, leurs profélytes & un nombre prodigieux de martyrs.

perdent l'efpérance d'en avoir. Elles ac-
couchent avec beaucoup de facilité, &
fe prêtent fecours entr'elles pour fe délivrer; il y a cependant quelques fages-
femmes, mais en petit nombre. Les accidens, les couches malheureufes qui emportent tant de mères, y font bien moins
communs que les exemples d'accouche-
mens fubits en plein air, dans les chemins,
par-tout où les travaux de leur ménage
appellent ces femmes. C'eft vraifemblablement dans ces occafions qu'elles fe fervent
de leurs cheveux, m'a-t-on dit, pour
faire la ligature du cordon ombilical ;
elles rapportent enfuite elles-mêmes leur
enfant, & fe mettent fur le champ à
l'allaiter. Le temps qu'elles le nourriffent
eft illimité. J'ai vu des mères donner à
teter à des enfans de quatre & cinq ans:
qu'on juge d'après cela de la forte com-
plexion de ces femmes. On remarque
néanmoins que les Kamtfchadales des deux
fexes, ne vivent pas plus long-temps que
les Ruffes.

1788,
Janvier.
A Bolcheretsk.

I ij

1788,
Janvier.
A Bolcheretsk.

Remède dû
à l'ours.

J'ai oublié de parler d'un remède dont les habitans de cette péninsule se servent volontiers & dans presque toutes leurs maladies. C'est une racine appelée *racine de l'ours*, infusée dans de l'eau-de-vie; le nom que ces peuples ont donné à cette plante, indique assez à qui ils en doivent la connoissance. Après avoir observé que l'ours avoit coutume de manger de préférence de cette herbe, & de se vautrer dessus lorsqu'il étoit blessé, ils se sont douté qu'elle pouvoit avoir quelque propriété, & dès-lors ils se sont décidés à en faire usage. Il ne manquoit plus à cet animal que de leur donner les premières leçons de botanique & de pharmacie. Au surplus, on m'a dit qu'avec cette racine, l'ours guérissoit toutes ses plaies : il est possible que l'homme s'en trouve aussi très-bien; mais je n'ai pas été dans le cas d'en faire l'essai moi-même, & je ne connois pas autrement cette plante.

Religion.

La religion chrétienne a été apportée par les Russes au Kamtschatka; mais les

habitans de cette péninfule ne font, à
proprement parler, que baptifés; ils font
loin de remplir les devoirs que ce facre-
ment leur impofe. Savent-ils feulement
en quoi confiftent les premiers préceptes
du chriftianifme? j'en doute; livrés à
tous leurs penchans, ils en fuivent l'im-
pulfion bonne ou mauvaife; s'ils fe fou-
viennent de la religion, c'eft uniquement
par un motif de convenance ou d'intérêt,
ou bien lorfque les circonftances les y
ramènent : cela prouve chez ces peuples
un grand défaut d'inftruction, & l'on ne
peut, ce me femble, en accufer que leurs
prêtres qui devroient éclairer leur igno-
rance. Mais ces prêtres ou miffionnaires
ont-ils les lumières fuffifantes? il eft vrai
qu'ils ne font pas à portée de faire des
études profondes, & probablement on
ne les exige pas, puifqu'il eft affez commun de voir même des Kamtfchadales
admis à cet état augufte.

Tous ces popes font foumis à l'autorité
du protapope ou archiprêtre réfidant à

I iij

1788,
Janvier.
A Bolcheretsk.

Nijenei ; il relève lui-même de l'arche-
vêque d'Irkoutsk, qui feul les ordonne &
confère les pouvoirs, de forte que les
clercs font tous obligés de fe rendre en
cette ville. Peut-être la longueur & les
dangers de la route leur font-ils comptés
pour une efpèce de féminaire ; peut-être
fans autre mérite ni examen reçoivent-ils
les ordres facrés : ce qu'il y a de certain,
c'est qu'ils n'en reviennent ni meilleurs
ni plus inftruits. Ces eccléfiaftiques font
enfuite envoyés à leur deftination particulière ; le temps qu'ils y reftent eft
illimité, & dépend abfolument de la
volonté de leurs chefs.

Églifes.   On compte huit églifes principales au
Kamtfchatka, Paratounka, Bolcheretsk,
Jchinsk, Tiguil, Vercknei, Klutchefskaia,
& deux à Nijenei ; on pourroit même
y ajouter celle d'Ingiga dans le pays des
Koriaques.

Sept oftrogs & les îles Kouriles compofent le diftrict ou la paroifse de Paratounka ; favoir, le village de ce nom ;

Saint-Pierre & Saint-Paul, Koriaki, Natchikin, Apatchin, Malkin & Bolcheretsk. Le nombre de paroiſſiens contenus en ces oſtrogs, n'excède pas quatre cents; & en y comprenant les îles Kouriles, le dénombrement général ne monte qu'à ſix cents vingt chrétiens. L'Impératrice accorde au curé de Paratounka quatre-vingts roubles d'appointemens, à quoi elle fait ajouter vingt *pouds (ſ)* de farine de ſeigle. Ses paroiſſiens ne lui payent en conſéquence aucune dixme; mais il reçoit les aumônes & autres émolumens caſuels attachés à ſon égliſe. Pour un ma-riage, un baptême ou un enterrement, ces paſteurs demandent tout l'argent ou tels objets qu'il leur plaît d'exiger. Rien n'eſt réglé à cet égard, & ils n'ont d'autre arbitre que leur propre volonté, ce qui eſt ſuſceptible des plus grands abus. Pour l'ordinaire cependant, ils veulent bien

1788,
Janvier.
A Bolcheretsk.

(ſ) Poids Ruſſe équivalant à un peu plus de trente-trois livres de France.

I iv

1788,
Janvier.
A Bolcheretsk.

Impôts ou
tributs.

mefurer leurs demandes aux facultés de leurs paroiffiens, & on doit leur favoir gré de cette forte de retenue.

Les Kamtfchadales font libres ; ils ne font affujettis qu'à payer à la Ruffie un tribut annuel, qui confifte, comme je l'ai dit, en fourrures de toute efpèce, de forte que le produit de leurs chaffes, tourne prefqu'entièrement au profit de l'Impératrice. Chaque chef de famille eft obligé de fournir pour lui, & pour chacun de fes enfans, même pour ceux en bas âge, une certaine quantité de pelleteries équivalante à la quotité de fon impofition : or celle-ci peut monter à environ fept roubles, plus ou moins, & l'on m'a dit que l'évaluation de ces fourrures fe fait toujours au plus bas prix poffible. Cette manière de payer la capitation au Kamtfchatka, doit être d'un grand rapport à la couronne, à en juger feulement par les martres zibelines que fournit annuellement cette province, & dont le nombre eft porté à plus de quatre mille. Chaque

toyon perçoit les impôts dans fon oftrog,
& les remet enfuite au tréforier de la
couronne; mais préalablement il eft donné
un reçu du montant de fa capitation à
chaque Kamtfchadale, qui a foin de mar‑
quer de fon cachet ou d'un figne quel‑
conque toutes les fourrures qu'il livre.

Les monnoies ayant cours, font l'im‑
périale en or, valant dix roubles, le rouble
& le demi‑rouble; on ne voit que très‑
peu de monnoies d'argent au‑deffous de
cette valeur; celle de cuivre ni celle en
papier ne font point encore parvenues
dans cette péninfule : ne feroit‑ce pas
une preuve que la marchandife la moins
chère doit s'y vendre un demi‑rouble ?
On trouve ici une grande quantité d'an‑
ciennes efpèces en argent du temps de
Pierre I.er, de Catherine I.re & d'Élifabeth;
on pourroit même en faire une branche
de commerce ; l'argent en eft plus pur &
à un taux fupérieur aux monnoies com‑
munes.

La paye des foldats ou Cofaques eft de

1788
Janvier.

A Bolcheretsk.

Monnoies.

Paye des fol‑
dats.

1788 ,
Janvier.
A Bolcheretsk.

Administra-
tion.

quinze roubles par an; quant aux officiers que le gouvernement envoie dans des pays si éloignés, ils reçoivent doubles appointemens.

La presqu'île du Kamtschatka, lorsque M. le major Behm commandoit à Bolche-retsk, ressortissoit directement au gouvernement général d'Irkoutsk. Au départ de ce commandant que les Anglois virent leur premier attérage en 1779, M. le capitaine Schmaleff fut chargé par *interim* de ce commandement; il a joui pendant un an du pouvoir & du plaisir de faire du bien aux habitans, qui ont pour lui autant de respect que de reconnoissance. M. Rénikin vint le remplacer en 1780; il fut rappelé en 1784 par des ordres supérieurs, & pour des causes que je suis obligé de taire. A cette époque, le département du Kamtschatka fut réuni à celui d'Okotsk. Depuis lors, les chefs & officiers des différens ostrogs, villes ou villages de cette péninsule, sont soumis aux ordres du commandant à Okotsk & aux décisions des tribu-

naux de cette ville; ceux-ci font eux-
mêmes fubordonnés & rendent compte
au gouverneur général réfidant à Irkoutsk.
L'officier qui commande à Bolcheretsk,
autrefois le chef-lieu du Kamtfchatka, n'eft
aujourd'hui qu'un fimple fergent; celui
que j'y laiffai s'appeloit *Raftargouieff;* il
fut nommé à cette place par M. Kafloff.

J'obferverai que les commandans dans
ces divers oftrogs, même les officiers d'un
grade inférieur envers leurs fupérieurs,
ne fe doivent mutuellement aucun compte
de leur adminiftration ; auffi l'autorité de
chacun ne s'étend-elle que fur les habitans
des lieux de fa dépendance : c'eft ce qui a
porté fans doute l'Impératrice à nommer
un *capitan ifpravnick*, capitaine infpecteur,
chargé de parcourir chaque année tous les
oftrogs des Kamtfchadales, pour recevoir
leurs plaintes, examiner leurs différends,
les juger, faire punir ceux qui le méri-
tent; en un mot, pour maintenir l'ordre
& la paix parmi eux. Il entre encore dans
fes fonctions d'encourager le commerce,

1788,
Janvier.
A Bolcheretsk,

la chasse & la pêche, de veiller au paye-
ment exact des tributs, aux approvisionnemens à faire par chaque particulier
pour sa nourriture & celle de sa famille,
aux réparations des ponts & des chemins,
qui malheureusement sont aussi peu nombreux que mal entretenus. Enfin, ce capitan ispravnick doit s'attacher en tout
à introduire parmi ces peuples les mœurs
& les usages des Russes. Cette place importante fut confiée, en 1784, à M. le
baron de Steinheil, qui établit sa résidence à Nijenei. Des affaires l'ayant appelé ailleurs, il fut remplacé, à mon
arrivée au Kamtschatka, par M. Schmaleff,
qui faisoit alors, en nous accompagnant,
la visite de son département.

Tribunaux.   L'administration n'est pas purement mi-
litaire ; il y a quelques tribunaux établis
pour instruire juridiquement les procès
& autres affaires, & pour les juger ; tels
sont ceux de Tiguil, Ingiga & Nijenei-
Kamtschatka : ces tribunaux ressortissent à
celui d'Okotsk, ainsi qu'en Russie les jus-

tices des villes du ſecond ordre relèvent de celles des capitales qui prononcent en dernier reſſort. Il y a en outre à Bolche-retsk une eſpèce de juridiction conſulaire ou tribunal vocal, appelé en Ruſſe *Slo-veſnoi-ſoud;* les juges ſont marchands, ils connoiſſent de toutes les conteſtations re-latives au commerce, & leurs ſentences ſont confirmées ou caſſées par le tribunal où les affaires ſont portées par appel. Il ſuffit de dire qu'on y ſuit uniquement le code des loix Ruſſes; celles-ci ſont aſſez connues pour me diſpenſer d'entrer à leur égard dans de plus grands détails; je ne pourrois d'ailleurs que répéter ce qu'en ont rapporté divers hiſtoriens ou des ob-ſervateurs beaucoup plus éclairés que moi.

Je crois cependant devoir ajouter que les biens des Kamtſchadales retournent, à leur décès, ſans difficultés, à leurs plus proches héritiers ou à ceux à qui il leur plaît de les léguer; les volontés des teſ-tateurs ſont reſpectées & ſuivies à la lettre, comme elles pourroient l'être en Europe

1788,
Janvier.
A Bolcheretsk.

Uſages pour
les ſucceſſions.

1788,
Janvier.
A Bolcheretsk.
Note relative
aux mariages.

chez les peuples les plus ſcrupuleux en matière de ſucceſſions.

Le divorce n'eſt ni uſité ni permis parmi les Kamtſchadales. Les Ruſſes paroiſſent rechercher volontiers leur alliance, quoiqu'elle ne leur procure aucun privilége particulier. On devine aiſément quel peut être leur motif; il rend ces mariages ſi fréquens, qu'il ne ſeroit pas impoſſible qu'avant la fin de la génération préſente, la race des naturels du pays ne fût entièrement détruite.

Punitions.

La peine de mort abolie dans tous les états de l'Impératrice, n'a de même jamais lieu au Kamtſchatka. Dans les premiers temps, des Ruſſes accuſés d'avoir vexé les Kamtſchadales, furent condamnés au knout; il y en eut auſſi parmi ces derniers, qui pour divers griefs ſubirent ce cruel ſupplice, mais aujourd'hui on n'y a plus recours; dès que ceux-ci font quelques fautes ou commettent quelques graves délits, on ſe contente de les battre. Ont-ils beaucoup gagné au change? la manière actuelle de les punir étant plus simple & plus expéditive, est sans doute employée plus volontiers, & doit être souvent abusive.

1788,
Janvier.
A Bolcheretsk.

L'idiome Kamtschadale ma paru dur, guttural & très-difficile à prononcer ; les mots en sont entrecoupés & les sons désagréables. Il y a pour ainsi dire autant de dialectes & d'accens différens qu'il y a d'ostrogs. Par exemple, on est tout étonné, en sortant de Saint-Pierre & Saint-Paul, d'entendre à Paratounka un autre jargon ; il en est de même des villages les plus voisins les uns des autres. Malgré ces variations dans l'idiome, j'ai cru devoir m'attacher à m'en procurer un vocabulaire que je placerai à la fin de mon Journal. J'y joindrai celui des langues Tchouktchis, Koriaques & Lamoutes ; j'y ai donné tous mes soins, & l'on m'a fourni des secours qui m'ont été très-utiles. Je terminerai l'article de mon séjour à Bolcheretsk par diverses observations qui mettront à même de juger

Idiome.

de l'impoffibilité où je me fuis trouvé pendant tout ce temps de reprendre ma route.

Vers la fin de novembre, le froid fe fit fentir tout-à-coup fi vivement, qu'en très-peu de jours toutes les rivières furent prifes, même la Bolchaïa-reka, ce que la rapidité extrême de fon courant rend très-rare. Dès le lendemain elle fe débarraffa des glaçons qui la couvroient; je n'en ai revus depuis s'arrêter devant Bolcheretsk qu'à la hauteur de la maifon du commandant. Quoique prife en plufieurs endroits, cette rivière préfente encore à cette époque grand nombre de lacunes, où l'on voit que fes eaux ont leur cours ordinaire.

On remarque fur chaque rivage de la péninfule, une différence fenfible dans l'atmofphère. Tandis que la féchereffe a régné à Saint-Pierre & Saint-Paul pendant toute la belle faifon, on fe plaignoit à Bolcheretsk de pluies fréquentes; cependant il m'a paru qu'en général on n'avoit pas trouvé l'automne très-pluvieux cette année.

1788,
Janvier.
A Bolcheretsk.

année. Les pluies trop abondantes font nuifibles en ce pays, en ce qu'elles caufent des débordemens confidérables & chaffent le poiffon ; d'où il réfulte que la famine vient affliger les pauvres Kamtfchadales, comme il eft arrivé l'année dernière dans tous les villages de la côte de l'oueft de la prefqu'île. Ce funefte fléau y régna fi généralement, qu'il força les habitans d'abandonner leurs demeures, & de fe tranfporter avec leurs familles fur les bords de la Kamtfchatka, dans l'efpoir d'y trouver plus de reffources, le poiffon étant plus commun dans cette rivière. M. Kafloff s'étoit propofé de reprendre fa route par la côte occidentale, ayant déjà parcouru celle de l'eft ; mais la nouvelle de cette famine le détermina malgré lui à revenir fur fes pas, plutôt que de s'expofer à être arrêté, & peut-être à périr à moitié chemin, par la difficulté de fe procurer des chiens & des vivres fur la côte de l'oueft.

Le vent a extrêmement varié pendant mon féjour à Bolcheretsk ; il a été le plus

*Partie I.*ʳᵉ   K

1788,
Janvier.
A Bolcheretsk.

constamment ouest, nord-ouest & nord-est; quelquefois il a soufflé de la partie du sud, mais rarement de l'est. Les vents de sud & d'ouest ont presque toujours été accompagnés de neige; & il ne s'est guère passé de semaines, & cela jusqu'en janvier, sans que nous n'ayons vu s'élever deux ou trois tempêtes violentes; elles nous venoient pour l'ordinaire du nord-ouest: ces coups de vent ne duroient pas moins qu'un ou deux jours, & parfois sept ou huit. Il eût été alors de la dernière imprudence de nous hasarder à sortir; le ciel étoit couvert de toutes parts, & la neige soulevée par ces tourbillons, formoit en l'air un brouillard épais qui ne permettoit pas de voir à six pas. Malheur à tous voyageurs qui se trouvent en route par cet horrible temps! il faut forcément qu'ils s'arrêtent, ainsi que je l'ai dit, autrement ils risqueroient de se perdre, ou de tomber dans quelques abîmes; car comment distinguer le chemin? comment le suivre quand on a à

lutter contre l'impétuosité du vent, &
qu'on peut à peine se dépêtrer des mon-
ceaux de neige qui tout-à-coup vous environnent? Si les hommes courent de si
grands dangers, qu'on juge de ce que
doivent souffrir les chiens. Rien de si
commun encore, lorsqu'on est surpris par
ces affreux ouragans, que de se séparer des
traîneaux de sa suite, & de se trouver à
deux verstes ou plus les uns des autres,
faisant route opposée *(t)*.

La fréquence de ces tempêtes, les accidens effrayans qui peuvent en être la
suite, nous firent sentir la nécessité de
différer notre départ. M. Kasloff avoit
autant de desir de se rendre à sa résidence,
que j'avois d'impatience de continuer
mon voyage pour remplir ma mission
avec la promptitude qui m'étoit recommandée; mais tous les avis que nous
prîmes condamnèrent notre empresse-

1787,
Janvier.

A Bolcheretsk.

Causes qui
ont nécessité la
longueur de
notre séjour à
Bolcheretsk.

____

(t) Ces ouragans règnent sur-tout pendant les
mois de novembre, décembre & janvier.

K ij

ment, & l'on me prouva qu'il y auroit eu à moi de la témérité de partir, étant chargé de dépêches auſſi importantes que celles qui m'étoient confiées. Cette réflexion me fit céder aux inſtances & aux conſeils de M. Kaſloff & des autres officiers de ſa ſuite : ce commandant prévint mes vœux en me donnant un certificat ſigné de lui, qui juſtifioit la longueur de mon ſéjour à Bolcheretsk, par le détail des cauſes qui l'ont néceſſitée *(u)*. Ces coups de vent ayant enfin ceſſé vers le 15 de janvier, nous nous empreſsâmes de pourvoir aux derniers préparatifs de notre départ, qui fut fixé au 27 de ce mois.

Nous nous approviſionnâmes le mieux que nous pûmes d'eau-de-vie, de bœuf, de farine de ſeigle & de gruau. On fit une grande quantité de pains, dont une partie fut gardée pour les premiers jours

---

(u) On trouvera ce certificat à la fin de cet ouvrage.

de notre route, & l'autre fut coupée en très-petits morceaux qu'on fit fécher au four comme le bifcuit; du refte de la farine on remplit des facs mis en réferve pour les cas de néceffité.

M. Kafloff avoit ordonné qu'on raffemblât le plus grand nombre de chiens qu'il feroit poffible; auffitôt il nous en vint par troupeaux de tous les oftrogs voifins: on nous fournit pareillement des provifions en abondance; le feul embarras fut de les emporter. A l'inftant de charger nos traîneaux, notre bagage fe trouva fi confidérable, que, malgré la multitude de bras qui y furent employés, ce chargement ne put être achevé que le 27 au foir; nous avions réfolu de partir ce jour-là dès le matin, & il étoit nuit lorfqu'on vint nous annoncer que tout étoit prêt: nous avions eu le temps de nous impatienter; pour moi, j'avoue que jamais journée ne m'a paru auffi longue. Ce rétard nous avoit tellement contrariés, que nous ne voulûmes pas attendre au

1787,
Janvier.
A Bolcheretsk.

lendemain ; à peine avertis, nous courûmes à nos traîneaux, & dans la même minute, nous fûmes hors de Bolcheretsk.

Il étoit sept heures du soir lorsque nous en sortîmes à la faveur de la lune dont la clarté devenoit encore plus vive par la blancheur éblouissante de la neige. Ce départ fut réellement une chose à peindre ; qu'on se représente en effet notre nombreuse caravane partagée en trente-cinq traîneaux *(x)*, y compris ceux qui portoient nos équipages. Sur le premier étoit un sergent nommé *Kabechoff*, chargé de commander & de guider notre marche ; il donne le signal, & soudain tous ces traîneaux partent à la file ; ils font emportés par environ trois cents

---

(x) C'étoient pour la plupart des traîneaux ordinaires, tels qu'on les a vus décrits page 116 ; quelques-uns étoient fermés & avoient la forme des *vezocks* ou *kibicks ;* le mien étoit de ce nombre, ainsi que je l'ai annoncé page 124. Dans ces trente-cinq traîneaux, je ne compte pas ceux des habitans de Bolcheretsk , qui nous conduisirent jusqu'à Apatchin.

CARAVANE KAMTSCHADALE ARRIVANT DANS UN OSTROG OU VILLAGE.

chiens *(y)* dont l'ardeur égale la vîtesse :
mais bientôt l'ordre est rompu, les lignes
se croisent, se confondent ; une noble
émulation anime les conducteurs, & le
voyage devient une course de chars ; c'est
à qui poussera ses coursiers ; personne ne
veut être dépassé, les chiens même ne
peuvent endurer cet affront ; ils se pressent
à l'envi, s'attaquent tour-à-tour pour obtenir l'honneur du pas ; le combat s'en-
gage, & les traîneaux sont renversés, au
risque souvent d'être mis en pièces. Les
clameurs des culbutés, les cris des chiens
qui sont aux prises, les aboiemens confus de ceux qui courent, enfin, la *loquèle*
bruyante & continue des guides ajoutent
encore au désordre où l'on ne peut ni
se reconnoître ni s'entendre.

Pour jouir plus à mon aise de ce
tumulte, je quittai mon traîneau dans
lequel je me trouvois emprisonné ; je

1787.
Janvier.
Le 27.

(y) Il y en avoit quarante-cinq attelés au traîneau de M. Kasloff, & trente-sept au mien.

demandai à me mettre fur un plus petit, qui outre le plaifir de me conduire moi-même, me procuroit encore celui de voir ce qui fe paffoit autour de moi : il n'arriva heureufement aucun accident, & je n'eus pas lieu de me reprocher ma curiofité. Cet embarras provenoit principalement du concours des habitans de Bolcheretsk, qui par attachement autant que par honneur pour M. le commandant, voulurent nous accompagner jufqu'à Apatchin (z) où nous arrivâmes vers minuit : de Bolcheretsk jufqu'à cet oftrog, on compte quarante-quatre verftes.

Peu d'inftans après notre arrivée, il s'éleva un vent impétueux qui nous eût fort incommodés, s'il nous eût furpris en route. Cette tempête dura le refte de la nuit, & pendant toute la journée du 28, de forte que nous fûmes obligés de la paffer à Apatchin.

(z) Le 18 octobre 1786. Avant d'arriver à Bolcheretsk, j'avois déjà paffé par ce village dont j'ai fait la defcription, page 63.

Nous y reçûmes les derniers adieux des habitans de Bolcheretsk qui nous avoient suivis; leurs regrets de voir partir M. Kaſloff, les témoignages de reconnoiſſance & de vénération qu'ils lui donnèrent, me touchèrent ſingulièrement: je fus ſur-tout étonné de l'intérêt qu'ils parurent prendre à moi, & au ſuccès de mon voyage; chacun d'eux me l'exprima à ſa manière. Je fus d'autant plus ſenſible à l'affection qu'ils me montrèrent en ce moment, que pendant mon ſéjour à Bolcheretsk, j'avois eu occaſion de m'appercevoir que le nom François n'étoit pas en grand honneur parmi ces peuples; ils avoient même la plus mauvaiſe opinion de nous, au point qu'ils eurent d'abord peine à croire ce qu'on leur rapporta de la politeſſe & de la cordialité avec leſquelles toutes les perſonnes de notre expédition avoient traité les habitans de Saint-Pierre & Saint-Paul. Cependant, à meſure qu'ils entendirent leurs compatriotes ſe louer de nos procédés à leur

1787,
Janvier.
Le 28.
Adieu des habitans de Bolcheretsk,

égard, leur prévention devint moins forte; j'en profitai pour travailler à la détruire, & par mes discours & par ma conduite avec eux: je n'ose me flatter d'avoir réussi; mais il m'a semblé qu'à la fin leur façon de penser étoit totalement changée en notre faveur.

L'idée désavantageuse qu'ils avoient du caractère & du génie de notre nation, prenoit sa source dans la réputation de perfidie & de cruauté que nous avoit donnée dans cette partie de la presqu'île, il y a quelques années, le fameux Beniovski; cet Esclavon s'y étoit dit François, & s'y étoit comporté en véritable Vandale.

Son histoire est connue: on sait que lors des troubles de 1769, il servoit en Pologne sous les drapeaux de la Confédération; son intrépidité le fit choisir pour commander un ramas d'étrangers ou plutôt de brigands comme lui, que les confédérés soudoyoient à regret: à leur tête, il parcouroit le pays, massacrant

tout ce qui se rencontroit sur son passage ;
il harceloit sans cesse les Russes qui ne
le redoutoient pas moins que les Polonois. Ils sentirent bientôt la nécessité de
se délivrer d'un ennemi aussi dangereux ;
ils parvinrent à le prendre, & l'on conçoit qu'il ne dut pas en être bien traité.
Relégué en Sibérie, & de-là au Kamtschatka, il y porta son génie ardent &
vindicatif. Sorti du milieu des neiges
sous lesquelles les Russes le croyoient
enseveli, il paroît tout-à-coup à Boïche-
retsk, suivi d'une troupe d'exilés auxquels
il a su inspirer son audace ; il surprend la
garnison & se saisit des armes ; le commandant lui-même, M. Nilloff, est tué de
sa main. Un bâtiment étoit dans le port ;
Beniovski s'en empare, tout tremble à
son aspect, tout est forcé de lui obéir.
Il contraint les pauvres Kamtschadales à
lui fournir les provisions qu'il demande ;
& non content des sacrifices qu'il obtient,
il livre leurs habitations à la licence
effrénée des bandits de sa suite, à qui

1787,
Janvier.
Le 28.
A Apatchin.

1787,
Janvier.
Le 28.
A Apatchin.

il donne l'exemple du crime & de la férocité. Il s'embarqua à la fin avec ses compagnons ; il fit voile, dit-on, vers la Chine, emportant l'exécration des peuples du Kamtschatka *(a)*. C'étoit le seul soi-disant François qu'ils eussent encore vu dans leur péninsule ; & ne pouvant juger de notre nation que d'après lui, il leur étoit sans doute bien permis de ne pas nous aimer, & même de nous craindre.

Le 29.
M. Schmaleff nous quitte pour faire la visite du reste de son département.

M. Schmaleff nous quitta à la pointe du jour, & partit le premier pour parcourir la côte de Tiguil ou de l'ouest, & faire la visite du reste de son département *(b)*.

Départ d'Apatchin.

Nous sortîmes d'Apatchin presqu'en même temps ; notre cortège n'étant plus

---

(a) On a eu, il n'y a pas très-long-temps, les détails de la fin de ce fameux aventurier.

(b) Son voyage avoit aussi pour objet de se procurer des vivres qu'il nous envoya ; il nous rejoignit quelque temps après, ainsi qu'on le verra dans la suite de ce Journal.

aussi nombreux, nous en fîmes plus de diligence. Après avoir passé la plaine où ce village est situé, nous rencontrâmes la Bolchaïa-reka sur laquelle nous voyageâmes pendant quelques heures ; nous la suivîmes dans les sinuosités qu'elle décrit, tantôt au milieu d'une forêt, & tantôt au pied des hautes & arides montagnes dont ses bords sont hérissés. A quinze verstes de Malkin, nous quittâmes cette rivière dont le courant commençoit à soulever les glaces rompues en plusieurs endroits, & à peu de distance de cet ostrog, nous traversâmes la Bistraïa pour nous y rendre ; il étoit près de deux heures après midi lorsque nous y arrivâmes. Nous avions déjà fait soixante-quatre verstes depuis Apatchin ; mais n'ayant point de relais, nous fûmes obligés de nous arrêter, afin de donner à nos chiens le temps de se reposer.

Le toyon de Malkin vint aussitôt au devant de M. le commandant lui offrir son isba ; il y avoit fait d'assez grands

1787, *Janvier.* Le 29.

Arrivée à Malkin.

préparatifs pour nous recevoir, ce qui nous détermina à y passer la nuit : il nous rendit tous les honneurs possibles & nous traita de son mieux ; mais plus nous eûmes à nous louer de ses soins & de sa bonne volonté, plus je regrettai qu'il ne se fût pas autant occupé de notre repos, en veillant à ce que rien ne pût l'interrompre. Le mien fut cruellement troublé par le voisinage de nos coursiers, auquel je n'étois pas encore fait ; les hurlemens aigus & continuels de ces maudits animaux sembloient être à mon oreille, & ne me permirent pas de fermer l'œil de toute la nuit. Il faut avoir entendu cette musique nocturne, la plus désagréable que je connoisse, pour se figurer tout ce que j'ai eu à souffrir pour m'y accoutumer, car dans le cours de mon voyage je fus bien forcé d'apprendre à dormir à ce bruit ; heureusement le corps se fait à tout. Après quelques mauvaises nuits, accablé par le sommeil, je finis par ne plus rien entendre, & peu-à-peu je m'aguerris tellement contre les cris de ces animaux, que même au milieu d'eux je dormois avec la plus parfaite tranquillité. J'obſerverai ici, qu'on ne donne à manger à ces chiens qu'à la fin de la courſe ou de la journée ; cet unique repas conſiſte ordinairement en un ſaumon ſéché , qu'on diſtribue à chacun d'eux.

L'oſtrog de Malkin reſſemble à tous ceux que j'ai vus & que j'ai déjà décrits : il contient cinq à ſix iſbas & une quinzaine de balagans ; il eſt ſitué ſur le bord de la Biſtraïa , & environné de hautes montagnes. Je n'eus pas le temps d'aller reconnoître des ſources chaudes qu'on me dit être dans le voiſinage ; on m'ajouta qu'elles avoient une forte odeur de ſoufre, & qu'une, entr'autres, ſe trouvoit ſur le penchant d'une colline , au pied de laquelle elle formoit une mare d'eau aſſez limpide.

De Malkin , nous allâmes à Ganal qui en eſt éloigné de quarante-cinq verſtes, mais nous ne pûmes faire ce chemin auſſi

1787,
Janvier.
Le 29.

Oſtrog de
Malkin.

Le 30.
Détour forcé.

vîte que nous l'avions espéré. La Biſtraïa n'étoit pas entièrement priſe; il nous fallut faire un détour & prendre à travers les bois, où la neige ayant beaucoup d'épaiſſeur & peu de ſolidité, nos chiens enfonçoient juſqu'au ventre & ſe fatiguoient exceſſivement; cela nous contraignit d'abandonner cette route & de diriger notre marche vers la Biſtraïa. Nous la retrouvâmes à dix verſtes de Ganal, telle que nous pouvions la deſirer pour notre ſûreté; la denſité de la glace nous promettoit un paſſage facile & nous nous empreſsâmes d'en profiter; nous ſuivîmes cette rivière juſqu'à ce village qui tient à ſa rive. Quatre iſbas & onze balagans compoſent cet oſtrog où je ne vis rien de remarquable.

   Nous y apprîmes ſeulement que les ouragans avoient été des plus terribles & qu'ils s'y faiſoient encore ſentir, à la vérité avec moins de force. Il n'eſt pas difficile de donner la raiſon de la violence de ces tempêtes; les hautes montagnes

des

des environs forment autant de gorges où le vent s'engouffre ; moins il trouve d'issues, plus il acquiert d'impétuosité : il cherche à s'ouvrir un passage, il saisit le premier qui se présente, s'échappe en tourbillons, rejette la neige dans les chemins, & les rend le plus souvent impraticables.

Après avoir passé une assez mauvaise nuit dans la maison du toyon de Ganal, nous en partîmes avant le jour pour nous rendre à Pouschiné. La distance entre ces deux ostrogs est de quatre-vingt-dix verstes, & cependant nous fîmes ce trajet en quatorze heures : mais la dernière moitié du chemin fut très-pénible ; la voie n'étant pas frayée, nos traîneaux enfonçoient à deux & trois pieds dans la neige ; & les cahots étoient si fréquens, que je me trouvai heureux de m'en tirer, & de n'avoir versé qu'une fois. A juger de la direction de la neige par la quantité qui couvroit une partie des arbres, il nous parut qu'elle étoit

1788 ,
Janvier.
Le 30.

Le 31.
Journée très-pénible.

tombée par des vents de nord & avec une abondance extraordinaire, ce qui nous fut confirmé par les gens du pays. Nous voyageâmes conftamment dans une forêt de bouleaux, & pendant quelque temps nous perdîmes de vue la chaîne des montagnes que nous avions cotoyées la veille; mais en approchant davantage de Pouf-chiné, je ne tardai pas à la revoir.

A Poufchiné.

La Kamtfchatka paffe au pied de cet oftrog, plus étendu que celui de Ganal. La feule chofe que j'aie obfervé ici, c'eft que les ifbas y font fans cheminée; ils n'ont, comme les balagans, qu'une étroite ouverture pratiquée dans le comble; c'eft l'unique iffue qu'on laiffe à la fumée, encore la ferme-t-on promptement par le moyen d'une trappe, afin de concentrer la chaleur. Lorfqu'on chauffe ces appartemens, il n'eft guère poffible d'y refter; il faut en fortir ou s'y coucher par terre, ft l'on ne veut pas rifquer d'être étouffé ou au moins aveuglé par la fumée : elle ne prend pas toujours directement le chemin

Ifbas fans cheminée.

du toit; à mefure qu'elle s'élève, elle fe répand dans la chambre en nuage épais & noirâtre; & comme il eft rare qu'on lui donne le temps de fe diffiper tout-à-fait, l'intérieur de ces ifbas eft pour l'ordinaire tapiffé d'un enduit de fuie qui fe fait fentir dès l'entrée, & dont l'afpect eft vraiment repouffant.

Mais il infpire encore moins de dégoût que l'odeur infecte qu'exhale une lampe lugubre qui éclaire toute la maifon; la forme en eft des plus groffières, c'eft tout bonnement un caillou concave ou une pierre creufée, d'où fort un chiffon de toile roulé en guife de mèche, autour de laquelle on met force graiffe de loup marin ou d'autres animaux. Dès que cette mèche eft allumée, vous vous voyez tout d'un coup environné d'une fombre vapeur, qui ne contribue pas moins que la fumée à tout noircir; elle vous prend au nez & à la gorge, & va jufqu'au cœur. Ce n'eft pas la feule mauvaife odeur qu'on refpire dans ces habitations, il en eft une autre

1788,
Janvier.
Le 31.

Lampe Kamtf-
chadale.

L ij

1788,
Janvier.
Le 31.

bien plus fétide, selon moi, car je n'ai pu m'y faire; ce sont les exhalaisons nauséabondes que répand le poisson séché ou pourri, soit lorsqu'on le prépare ou qu'on le sert, soit même après qu'on l'a mangé: les restes sont destinés aux chiens; mais avant qu'ils les obtiennent, tous les coins de l'appartement en ont été balayés.

Saleté des individus qu'on trouve dans ces isbas.

Au surplus, le spectacle que vous offrent les individus dans l'intérieur de ces maisons, est bien tout aussi dégoûtant. Ici, c'est un grouppe de femmes luisantes de graisse & vautrées par terre sur un tas de haillons: celles-ci donnent à teter à leurs enfans à demi-nus & barbouillés de la tête aux pieds; celles-là dévorent avec eux quelques morceaux de poisson tout crû & le plus souvent pourri; plus loin, vous en voyez d'autres, dans un négligé qui n'est pas moins sale, couchées sur des peaux d'ours, babillant entr'elles ou toutes à la fois, & travaillant à divers ouvrages de ménage en attendant leurs époux.

Heureusement les maisons des toyons

étoient auffi bien nettoyées qu'elles pouvoient l'être, pour recevoir M. Kafloff,
qui eut toujours l'attention de m'y faire
loger avec lui.

Nous couchâmes chez celui de Pouf-
chiné, & nous partîmes le lendemain de
très-bonne heure ; nous ne pûmes faire
dans cette journée que trente - quatre
verftes. Il fembloit que plus nous avan-
cions & plus les chemins fe trouvoient
obftrués par les neiges. Mes deux conducteurs étoient fans cefle occupés à tenir
mon traîneau en équilibre pour l'empêcher de verfer ou de fortir de la voie ;
il leur falloit faire en outre des efforts
de poitrine extraordinaires pour encourager les chiens, qui fouvent s'arrê-
toient malgré les coups qu'on leur dif-
tribuoit avec autant d'adreffe que de
profufion. Ces pauvres animaux, dont la
vigueur eft inconcevable, avoient toutes
les peines du monde à fe dépétrer de
cette neige qui les recouvroit à mefure
qu'ils s'en dégageoient ; il falloit l'aplanir

L iij

1788,
Janvier.
Le 31.

Février.
Le 1.er
Chemins rem-
plis de neiges ;
exercice fati-
gant de mes
conducteurs.

1788,
Février.
Le 1.er

pour les aider à s'en tirer, c'étoit encore
là un des soins de mes guides ; pour se
soutenir sur la neige, ils avoient chacun
une raquette à un pied, & glissoient ainsi
en posant l'autre par momens sur le patin
du traîneau. Je doute qu'il y ait un exercice plus fatigant, & qui demande plus
de force & d'habitude.

L'ostrog de Charom, où nous eûmes le
bonheur de nous rendre, est situé sur la
Kamtschatka ; il ne me fournit aucune ob-
servation. Nous y passâmes la nuit, &
avant le jour nous en étions dehors.

En sept heures nous atteignîmes Ver-
cknei-Kamtschatka, qui est à trente-cinq
verstes de Charom. Vercknei est très-
considérable en comparaison des autres
villages que j'ai déjà vus ; je comptai dans
celui-ci plus de cent maisons : sa position
est commode & le site m'en parut assez
varié. Voisin de la rivière *(c)*, cet ostrog

Le 2.
A Vercknei-
Kamtschatka,
ou
Kamtschatka
supérieur.

(c) La Kamtschatka, qui dans cet endroit n'étoit
pas encore prise.

a de plus l'avantage d'avoir à fa proximité des bois & des champs, dont le fol
eft très-bon, & que fes habitans commencent à mettre à profit. L'églife eft en bois;
fa conftruction n'eft point défagréable : il
feroit à defirer feulement que le dedans
répondît au dehors. Quant aux habitations, elles ne diffèrent en rien de celles
des autres villages. Pour la première fois
je vis ici des efpèces de bâtimens de la
hauteur à peu - près des balagans, & qui
ne fervent qu'à faire fécher le poiffon.
Un fergent commande à Vercknei; il
demeure dans une maifon appartenante à
la couronne.

Ce village eft auffi le lieu de la réfidence du malheureux Ivafchkin, dont
j'ai raconté l'hiftoire à mon départ de
Saint-Pierre & Saint-Paul *(d)*; il étoit de
notre caravane, & ne nous quitta que
pour nous devancer à Vercknei, où fon
premier foin en arrivant, fut de faire

(d) Voyez la page 20.

L iv

1788,
Février.
Le 2.

Préfent
que nous fait
Ivafchkin.

tuer un de ſes bœufs qu'il nous pria d'ac= cepter pour notre route , comme une marque de ſa reconnoiſſance. Ce procédé juſtifia l'intérêt que m'avoit déjà inſpiré cet infortuné gentilhomme, dont le ſeul aſpect m'a fait plus d'une fois gémir ſur ſon ſort; je ne concevrois pas comment il a pu s'y accoutumer, s'il n'avoit pas eu le ſentiment de ſon innocence, qui ſeul a pu lui donner cette force d'eſprit. A notre arrivée à Vercknei, nous allâmes le voir chez lui : il y étoit à boire gaîment avec quelques-uns de ſes voiſins; ſa joie étoit franche, & n'annonçoit nullement un homme ſenſible à ſes malheurs paſſés, ni ennuyé de ſon état préſent.

Nous ne reſtâmes que peu de temps à Vercknei; nous nous remîmes en route après dîner pour aller à quinze verſtes plus loin coucher à Milkovaïa-Derevna, ou autrement au village de Milkoff. Chemin faiſant, nous trouvâmes d'abord un champ aſſez ſpacieux entouré de pa- liſſades, & plus loin un *zaimka*, c'eſt-à-

dire, un hameau habité par des laboureurs;
ce font des Cofaques ou foldats Ruffes
deftinés à la culture des terres qu'ils font
valoir pour le compte du gouvernement.
Ils ont quatre - vingts chevaux appartenant à la couronne, & qui fervent tant
au labourage qu'au haras établi en ce
lieu pour la propagation de ces animaux
fi utiles & fi rares dans la prefqu'île. A
environ cinq cents pas de ce hameau,
dont le nom eft Tfchigatchi, on découvre fur un bras de la Kamtfchatka,
un moulin à eau conftruit en bois,
mais peu confidérable. On ne pouvoit
alors en tirer aucun fecours; la crue
d'eau avoit été fi forte qu'elle avoit
franchi l'éclufe, & s'étoit répandue dans
une partie de la plaine où elle s'étoit gla-
cée. Le terrain me parut en cet endroit
d'une très-bonne qualité, & les environs
fort agréables. Je queftionnai quelques-uns
de ces Cofaques fur les productions de
leur canton, où il me fembloit que toutes
fortes de blés devoient réuffir à mer-

1788,
Février.
Le 2.

veille ; ils me répondirent qu'en effet la récolte dernière & la nature du grain avoient paffé leurs efpérances, & que celui-ci ne le cédoit en rien au plus beau de Ruffie : deux pouds de grain en avoient produit dix.

Arrivé à Milkoff, je fus étonné de ne voir ni Kamtfchadales, ni Cofaques ; mais une peuplade intéreffante de payfans, dont les traits & l'abord indiquent qu'il n'y a point eu parmi eux mélange de races. Cette peuplade fut choifie en 1743, moitié en Ruffie & moitié en Sibérie, parmi les habitans primitifs, c'eft-à-dire, parmi les cultivateurs ; en l'envoyant dans cette péninfule, l'admi-niftration eut pour but le défrichement des terres & des effais en agriculture, dans l'efpérance que l'exemple & les fuccès de cette colonie de laboureurs, pourroient inftruire les naturels du pays, & les dé-terminer à fe livrer davantage à cette noble & effentielle occupation. Malheu-reufement leur infouciance extrême, que j'ai déjà fait connoître, a mal répondu aux vues sages du gouvernement; ils sont encore loin non-seulement de se piquer d'émulation, mais même de songer à profiter des leçons qu'ils ont sous les yeux. Cette funeste apathie des indigènes fait d'autant plus de peine à voir, qu'on ne peut s'empêcher d'admirer ces actifs émigrans dont les travaux ont eu des résultats si avantageux. Placées auprès de la Kamtschatka, leurs habitations annoncent une sorte d'aisance; ils ont des bestiaux qui m'ont paru en bon état : le soin qu'ils en prennent ne contribue pas peu à les faire prospérer. J'ai observé aussi qu'en général ces paysans avoient l'air fort contens de leur sort; ils ont, il est vrai, les jouissances de la propriété : tout est profit pour eux & rien n'est peine; chacun laboure, ensemence son champ; & tenu seulement à payer sa capitation, chacun recueille librement le fruit de ses sueurs, dont un sol fertile le récompense avec usure. Je suis persuadé qu'on en tireroit encore un meilleur parti, si les cultivateurs y étoient en plus grand nombre. La récolte consiste principalement en seigle, & en orge en moindre quantité. Cette peuplade est de plus exempte de chasse; le gouvernement a porté l'attention jusqu'à la défendre, pour que ces colons fussent tout entiers à leurs travaux, & que rien ne pût les en distraire : j'ai su cependant qu'ils ne respectent pas trop cette défense. Leur chef est un *staroste* nommé par l'administration, qui le choisit parmi les vieillards du village, comme l'indique son nom : il est chargé de veiller aux progrès de l'agriculture; il préside aux semailles, aux moissons, en fixe les époques précises; enfin il doit stimuler la négligence ou encourager le zèle des travailleurs, & surtout maintenir entr'eux l'esprit de l'établissement & la bonne intelligence.

Voulant aller à Machoure, passer un jour avec M. le baron de Steinheil, je quittai M. le commandant à Milkoff, & j'en partis environ vingt - quatre heures avant lui, afin de ne point l'arrêter dans ſa marche. Pour aller plus vîte, j'avois pris un petit traîneau : mais de ce côté les chemins n'étoient pas moins remplis de neige ni moins difficiles ; de ſorte que malgré ma précaution, il me fut impoſſible de faire la diligence que j'avois projetée. Le premier oſtrog que je trouvai ſur ma route, eſt Kirgann. Avant d'y arriver, je paſſai devant un certain nombre de balagans & de maiſons qui me parurent abandonnées, mais on me dit que l'été y rappeloit chaque année les propriétaires. Le peu d'habitations qui compoſent le village de Kirgann, ſont bâties ſur le bord d'une rivière appelée Kirganik ; celle-ci eſt formée par pluſieurs ſources qui ſortent des montagnes voiſines, & dont les différens rameaux ſe rejoignent au-deſſus de cet oſtrog, éloigné de Milkoff de quinze verſtes.

Le froid étoit ſi rigoureux, que malgré la précaution que j'avois priſe de me couvrir le viſage d'un mouchoir, j'eus en

1788.
Février.
Le 3.

Oſtrog de Kirgann.

moins d'une demi-heure les joues gelées;
mais j'eus recours au remède ordinaire;
je me frottai le visage avec de la neige, &
j'en fus quitte pour une douleur cuisante
pendant quelques jours. A l'instant où ma
figure se geloit ainsi, mon corps éprouvoit
l'effet contraire. Je conduisois moi-même
mon traîneau; le mouvement continuel
qu'exige cet exercice, joint à la pesanteur
de mes vêtemens Kamtschadales. *(e)*, me

(e) Mon ajustement mérite une description particulière : on jugera qu'il ne me donnoit pas l'air
fort ingambe. Habituellement je ne portois qu'une
simple parque de renne & un bonnet fourré qui
me cachoit, au besoin, & les oreilles & une
partie des joues. Le froid devenoit-il plus vif,
j'ajoutois à ce vêtement deux *kouklanki*, espèce de
parques plus larges & d'une peau plus épaisse;
l'une avoit le poil en dedans, & l'autre en dehors.
Dans les froids excessifs, je passois par dessus tout
cela une troisième kouklanki plus grossière, de peau
de chien ou d'argali; le côté du poil est toujours
dessous, & le cuir ou la superficie extérieure de la
peau est teint en rouge. A ces kouklankis on adapte
par devant une petite bavette, qui se relève pour
défendre la figure contre le vent : en outre, elles
ont chacune par derrière un capuchon fourré qui

procura une tranſpiration des plus abondantes, & qui me fatigua extrêmement.
Néanmoins je ne m'arrêtai point à Kir-

tombe ſur les épaules ; parfois ces trois capuchons
les uns ſur les autres, faiſoient ma coïffure, je les
mettois même par deſſus mon bonnet ordinaire. Mon
cou étoit garanti par une cravatte de martre, ou de
queues de renard, appelée *ocheïnik*, & mon menton
par une mentonnière de martre pareillement, qui
s'attachoit ſur ma tête. Le front étant une partie
très-ſenſible au froid, on le couvre d'une bande
de loutre ou de zibeline, recouverte enſuite par le
bonnet. Mes culottes fourrées me donnoient beaucoup plus de chaleur que le reſte de ma chauſſure,
toute compliquée qu'elle étoit. J'avois doubles chauſ-
ſures de peau de renne, poil en dedans & en
dehors ; leur nom au Kamtſchatka eſt *tchigi*. Je
paſſois enſuite mes jambes dans des *torbaſſi* ou
bottes de pied de renne, garnies en dedans d'une
ſemelle de *tonnchitcha*, herbe très-molle, qui a
la propriété d'entretenir la chaleur. Malgré ces
précautions, au bout de deux ou trois heures de
marche, j'avois les pieds fort humides, ſoit par
la tranſpiration, ſoit par l'introduction inſenſible
de la neige ; & pour peu que je reſtaſſe immobile
ſur mon traîneau, je les ſentois auſſitôt glacés. Le
ſoir je quittois cette chauſſure, & mettois pour la
nuit une large paire de bas fourrés de peau de
renne ou d'argali, appelés *ounti*.

1788,
Février.
Le 3.

gann. A quelques verftes plus loin je découvris dans le nord-eft un volcan qui ne jetoit point de flammes ; mais il s'en élevoit une colonne de fumée très-épaiffe. J'aurai occafion d'y revenir bientôt, & d'en parler plus au long. Je remarquai auprès de Machoure, un bois de fapin affez touffu, & le premier que j'euffe encore trouvé au Kamtfchatka ; les arbres en font droits, mais très-minces. A deux heures après midi, j'entrai dans l'oftrog de Machoure, fitué fur la Kamtf-chatka, à trente-fept verftes de Kirgann.

Séjour à Machoure chez M. le baron de Steinheil.

Je defcendis chez M. le baron de Steinheil, ancien capitaine ifpravnick, ou infpecteur du Kamtfchatka, place donnée depuis à M. Schmaleff. J'avois fait connoiffance avec lui auprès de Bolcheretsk, & j'avois été charmé de parler avec lui plufieurs langues, particulièrement celle de ma patrie, quoiqu'elle ne lui fût pas très-familière ; mais c'étoit du françois, & je croyois voir en lui un compatriote. Quiconque a quitté l'Europe

pour voyager dans des contrées auffi
éloignées, a dû le fentir comme moi;
on fe croit concitoyen de celui qui a
pour patrie le même continent ou qui
parle la même langue. La moindre chofe
qui nous rappelle notre pays, nous caufe
le plaifir le plus vif; notre cœur s'élance
vers l'ami, vers le frère qu'il nous femble
retrouver; dans l'inftant nous fommes
portés à la confiance. J'éprouvai cette
délicieufe fenfation à la vue de M. Steinheil; fa converfation eut pour moi dès
le premier moment, un attrait irréfiftible.
J'eus le befoin de le voir, de caufer avec
lui; j'y trouvois un charme inexprimable,
bien que fon françois, comme je l'ai
dit, fût des plus irréguliers, & qu'il le
prononçât avec l'accent germanique. Je
paffai avec M. Steinheil la journée du
4, & le foir je vis arriver M. Kaſloff,
ainfi qu'il m'en avoit prévenu.

L'oftrog de Machoure, avant l'introduction de la petite vérole, étoit un des
plus confidérables de la prefqu'île; mais

1788,
Février.
Le 3.
A Machoure,

Le 4.
Oftrog de
Machoure,

Partie Ire   M

1788 ,
Février.
Le 4.

A Machoure.
Nouveaux dé-
tails sur les cha-
mans.

les ravages qu'y a faits cette cruelle épidémie, ont réduit le nombre des habitans à vingt familles.

Tous les Kamtschadales de ce village, tant hommes que femmes, font tous des chamans ou croyent aux fortiléges de ces prétendus magiciens. Les uns & les autres redoutent à l'excès les popes ou prêtres Ruffes, pour lefquels ils ont une haine parfaite ; auffi cherchent - ils toujours à efquiver leur rencontre : quelquefois cela leur eft impoffible ; alors ils ont foin de fe mafquer lorfqu'ils les voyent à leur portée, & ils fe fauvent le plus vîte qu'ils peuvent. J'attribue cette crainte que leur infpire la vue des prêtres, au zèle ardent que ceux-ci ont montré, fans doute, pour l'extinction de l'idolatrie, & que ces Kamtfchadales traitent de perfécution ; ils regardent en conféquence ces miniftres de la religion comme leurs plus grands ennemis : peut-être font-ils fondés à croire qu'en voulant les convertir, ces miffionnaires n'ont pas eu feulement pour but de renverfer leurs idoles. Ces popes ne leur donnèrent pas vraifemblablement l'exemple des vertus qu'ils leur prêchoient fans les connoître. En effet, on prétend qu'ils fongèrent moins à faire des néophytes qu'à acquérir des biens, & fur-tout qu'à fatisfaire le penchant qui les porte à s'enivrer le plus fouvent poffible. Il ne faut donc pas s'étonner fi ces habitans tiennent encore à leurs anciennes erreurs. Ils rendent toujours un culte fecret à leur dieu Koutka *(f)*; ils ont une telle confiance en lui, qu'ils lui adreffent exclufivement leurs prières lorfqu'ils entreprennent quelque chofe ou qu'ils defirent obtenir quelque bien. Vont-ils à la chaffe, ils s'abftiennent de fe laver & fe gardent bien de faire aucun figne de croix; ils invoquent leur Koutka, puis la première martre ou le premier animal qu'ils peuvent prendre, ils l'offrent auffitôt à ce dieu, perfuadés qu'après cet acte de dévotion, leur chaffe

1788,
Février.
Le 4.
A Machoure.

(f) On en trouve dans Steller la defcription fidèle.

M ij

1788,
Février.
Le 4.
A Machoure.

doit être des plus heureuses ; ils imaginent au contraire qu'en se signant, ils s'exposeroient à ne rien attraper. Il entre encore dans leur superstition de consacrer à leur Koutka leurs enfans nouveau-nés, qu'ils destinent, au sortir du berceau, à devenir des chamans. La vénération qu'ils ont en ce village pour ces sorciers ne peut se concevoir ; elle tient du délire & fait vraiment pitié ; car les extravagances avec lesquelles ceux-ci entretiennent la crédulité de leurs compatriotes, sont si bizarres & si ridicules, qu'on est moins tenté d'en rire que de s'en indigner. Aujourd'hui, à la vérité, ils ne professent pas leur art ouvertement, ils ne mettent plus le même éclat à leurs sortiléges ; leurs habits ne sont plus garnis d'anneaux mystérieux ni de diverses figures symboliques de métal qui se choquoient avec bruit au moindre mouvement de leurs corps ; ils ont pareillement renoncé à une espèce de chaudron *(g)* sur lequel ils

____

(g) Cette manière de tambour de basque se

frappoient en cadence dans leurs prétendus enchantemens, ou pour annoncer
leur venue; enfin, ils ont abandonné
tous les inftrumens magiques. Voici à
peu-près à quoi fe bornent à préfent
leurs cérémonies dans leurs affemblées,
qu'ils ont foin de tenir en fecret, mais
qui n'en font pas moins fuivies. Qu'on
fe figure un cercle de fpeclateurs ftupide-
ment attentifs & rangés autour du forcier,
ou de la forcière; car, comme je l'ai dit,
les femmes font auffi initiées aux myftères
des chamans : tout-à-coup celle-ci ou
celui-ci fe met à chanter, ou plutôt à
pouffer des fons aigus, fans mefure ni
fignification ; la docile affemblée lui ré-
pond fur le même ton, ce qui forme
le concert le plus diffonant & le plus
infupportable. Peu-à-peu le chaman s'a-
nime; il commence à danfer aux accens
confus de fon auditoire, qui s'enroue &
s'exténue dans l'excès de fa ferveur &

1788,
Février.
Le 4.
A Machoure.

nommoit *bouben* ; il eft encore en ufage chez les
Yakoutsk, comme on le verra dans la fuite.

M iij

de son admiration; la danse devient plus vive à mesure que l'esprit prophétique se fait sentir au ministre du dieu Koutka. Semblable à la Pythonisse sur le trépied, il roule des yeux hagards & furieux; tous ses mouvemens sont convulsifs; sa bouche se tord, ses membres se roidissent: il n'est, pour tout dire, sorte de contorsion ni de grimace qu'il n'invente & n'exécute, au grand saisissement de tous les assistans. Après avoir fait ces simagrées pendant quelque temps, il s'arrête soudain comme inspiré; son délire devient aussi calme qu'il étoit agité: il n'y a plus ni fureur ni transport; c'est le recueillement sacré de l'homme, tout plein du Dieu qui le domine, & qui va parler par sa voix. Surprise & tremblante, l'assemblée se tait aussitôt, dans l'attente des merveilles qui vont lui être révélées. Elle entend sortir alors de la bouche du soidisant prophète des mots sans suite que le fourbe laisse échapper par intervalles; il débite ainsi tout ce qui lui passe par

la tête, & c'eſt toujours l'effet de l'inſpiration du Koutka. L'orateur accompagne
ordinairement ſon diſcours ou d'un tor-
rent de larmes ou de grands éclats de
rire, ſuivant le bien ou le mal qu'il
annonce, & ſes geſtes expreſſifs varient
conformément à ſes ſenſations. (*h*). Ces
détails ſur les chamans m'ont été procu-
rés par des gens dignes de foi, & qui
avoient trouvé moyen d'aſſiſter à leurs
impertinentes révélations.

On nous confirma à Machoure ce qu'a-

1788,
Février.
Le 4.
A Machoure.

Avis d'une
révolte des Ko-
riaques.

(*h*) On pourroit dire qu'à cet égard les Chamans
ont une ſorte d'analogie avec la ſecte des Quakers.
On ſait que ces derniers ont également des préten-
tions à l'inſpiration, & que ceux d'entr'eux qui,
cédant à ſon impulſion, prennent la parole dans
leurs ſilencieuſes aſſemblées, commencent preſque
toujours par larmoyer piteuſement, ou par donner
des ſignes d'une joie ſoudaine; au moins ces im-
proviſateurs pérorent à tort & à travers ſur la morale,
dont ils croyent préſenter la quinteſſence, au lieu
que les harangueurs Kamtſchadales ne ſavent ce
qu'ils diſent, & n'employent ce myſtique & perfide
verbiage que pour fomenter l'idolatrie de leurs trop
ſimples auditeurs.

M iv

voit rapporté déjà à M. le commandant ;
un ingénieur nommé Bogénoff. Il avoit
été envoyé dans les environs de la rivière
de Pengina pour y choisir l'emplacement
d'une ville & en tracer le plan, avec
ordre de suivre ensuite la côte de l'ouest
du Kamtschatka jusqu'à Tiguil, & de lever une carte exacte de son voyage. A son
arrivée à Kaminoi *(i)*, il trouva, dit-il
à M. Kasloff, une grande quantité de
Koriaques révoltés qui vinrent en armes
au-devant de lui, pour lui fermer le paf-
sage & l'empêcher de remplir sa miffion.
On nous ajouta ici qu'ils étoient au nombre
de six cents, & que très-probablement ils
ne nous laifferoient pas non plus continuer notre route. La perspective étoit
trifte, sur-tout pour moi, qui brûlois
d'arriver à Okotsk, comme si ç'eût été le
terme de mon voyage, ou que delà jusqu'en France, il n'eût dû me refter qu'une

____

(i) Village fitué fur le bord de la rivière de
Pengina.

journée de chemin. Combien il étoit dur
de penſer que n'en ayant point d'autre
que par ce village, nous ſerions peut-être
forcés de revenir ſur nos pas! l'idée ſeule
m'en faiſoit friſſonner d'impatience. M. le
commandant qui partageoit la mienne,
jugea comme moi que nous ne devions pas
nous arrêter à ces rapports : ils pouvoient
n'être pas très-fidèles; l'importance qu'y
mettoient les hiſtoriens, l'air effrayé qui
accompagnoit leurs récits, enfin les petites
additions qu'on y faiſoit chaque jour, tout
nous engageoit à nous en défier. En conſéquence, nous décidâmes qu'il falloit nous
aſſurer par nous-mêmes de la vérité du
fait, & aller en avant, ſauf à recourir
aux expédiens pour obtenir notre paſſage
ſi ces rebelles s'y oppoſoient. Mais bientôt nous fûmes encouragés par l'arrivée
d'un exprès adreſſé à M. Kaſſoff, & qui
n'avoit rencontré nul obſtacle dans ſa
route; il nous aſſura que tout lui avoit
paru tranquille; or, il y avoit lieu de croire
que, dans le cas contraire, il ſe ſeroit

1788,
Février.
Le 4.
A Machoure.

1788,
Février.
Le 4.
A Machoure.

Départ de
Machoure.
Le 5.

aperçu de quelques mouvemens , & qu'ainſi nous n'avions à craindre aucun empêchement dans notre marche.

Au point du jour je quittai donc M. le baron de Steinheil, avec autant de regret que de reconnoiſſance de ſon obligeant accueil, & de toutes les attentions qu'il eut pour moi pendant mon court ſéjour à Machoure *(k)*. J'y laiſſai en lui un homme

---

(k) Malgré tous mes ſoins, j'eus ici le malheur de voir mourir la martre zibeline que m'avoit donnée M. Kaſloff. *Voyez page 56.* Auſſitôt je la fis écorcher pour en conſerver la peau.

Un de mes plaiſirs avoit été d'obſerver ſes habitudes. Son extrême vivacité lui rendoit ſa chaîne inſupportable; ſouvent elle a cherché à ſe ſauver; elle y ſeroit infailliblement parvenue, ſi je n'euſſe pas ſans ceſſe veillé ſur elle, & jamais je ne l'ai rattrapée, ſans qu'elle ne m'ait fait quelques morſures. Elle mangeoit du poiſſon & préférablement de la viande, qui dans les bois fait la nourriture favorite des martres. Leur adreſſe à prendre les oiſeaux, & à attaquer les animaux plus foibles qu'elles, eſt inconcevable. La mienne dormoit preſque tout le jour, la nuit elle faiſoit un tapage continuel, en s'agitant dans ſa chaîne; mais craintive à l'excès, lorſqu'elle voyoit venir quelqu'un, elle

vraiment intéreſſant par ſes connoiſſances & ſes qualités.

1788,
Février.
Le 5.

Nous fîmes dans cette journée ſoixante-ſix verſtes en ſuivant la Kamtſchatka, dont les glaces ſe trouvèrent par-tout ſolides & parfaitement unies ; je ne vis rien de remarquable ſur ma route, ni dans le village de Chapina, où nous arrivâmes au ſoleil couchant.

Nous en partîmes le lendemain de bonne heure ; la neige nous incommoda fort ce jour-là ; la terre en étoit couverte, & ſon épaiſſeur rendoit notre marche fort difficile : nous voyageâmes preſque toujours dans des bois très-touffus de ſapins & de bouleaux. Vers la moitié du chemin, puis un peu plus loin, nous rencontrâmes deux rivières, dont une a environ trente

Le 6.

---

ceſſoit de faire du bruit, puis recommençoit dès qu'elle étoit ſeule. J'avois coutume de la faire ſortir pluſieurs fois dans la journée ; à peine étoit-elle ſur la neige, qu'elle ſe terroit & fouilloit en deſſous comme les taupes, ſe montrant de temps en temps pour ſe cacher auſſitôt.

1788,
Février.
Le 6.
La grande &
la petite Ni-
koulka.

toises de large: on la nomme la grande *Nikoulka*, & l'autre la petite. Formées toutes deux par des sources qui sortent des montagnes, elles se réunissent en ce lieu pour porter ensemble le tribut de leurs eaux à la Kamtschatka ; ni l'une ni l'autre n'étoient prises, j'en attribuai la cause à l'extrême rapidité de leur courant. L'endroit où je les passai est vraiment pittoresque ; mais ce que j'y trouvai de plus singulier, c'est que tous les sapins qui bordent en grand nombre ces rivières, y paroissoient des arbres de glace : un givre très-épais, produit peut-être par l'humidité du lieu, s'étoit attaché à chaque rameau & en blanchissoit toute la superficie.

Volcans de
Tolbatchina &
de Klutchefs-
kaïa.

A quelque distance de Tolbatchina, nous traversâmes une lande, d'où je découvris trois volcans : aucun ne jetoit des flammes ; il en sortoit des nuages d'une fumée très-noire. Le premier, dont j'ai parlé plus haut en allant à Machoure, a son foyer dans les entrailles d'une montagne qui n'a pas exactement la forme conique; fon fommet s'eft aplati & femble peu élevé. On me dit que ce premier volcan s'étoit repofé pendant quelque temps, qu'on l'avoit même cru éteint, lorfque récemment il s'étoit tout-à-coup rallumé. Dans le nord-eft de celui-ci fe préfente un pic, dont la pointe paroît être le cratère du fecond volcan, qui vomit fans ceffe de la fumée, mais je n'y aperçus pas la moindre étincelle de feu. Le troifième s'offrit à moi dans le nord-nord-eft du fecond; je ne pus l'obferver comme je l'aurois fouhaité, une affez haute montagne me le mafquoit prefqu'en totalité. Il emprunte fon nom du village de Klutchefskaïa qui l'avoifine, & l'on m'annonça que j'en pafferois très-près; les deux autres volcans tirent pareillement leur dénomination de l'oftrog de Tolbatchina, où nous entrâmes d'affez bonne heure. Ce village eft fitué fur la Kamtfchatka, à quarante-quatre verftes de Chapina; il ne renfermé rien d'extraordinaire. Nous y apprîmes en arrivant qu'on y avoit marié le matin deux

1788 ,
Février.
Le 6.

1788 ,
Février.
Le 6.
Mariages
prématurés au
Kamtschatka.

Kamtfchadales : je regrettai de n'avoir pas affifté à la cérémonie, qu'on me dit être à peu-près la même qu'en Ruffie. Je vis les nouveaux époux qui me parurent deux enfans ; je demandai leur âge : on me répondit que le marié n'avoit guère plus de quatorze ans & la mariée tout au plus onze. De femblables mariages pafferoient pour prématurés par-tout ailleurs que dans l'Afie.

Voyage à
Nijenei-kamtf-
chatka.

J'avois une envie extrême de voir la ville de Nijenei-Kamtfchatka, & depuis long-temps je fongeois à la fatisfaire ; j'aurois imaginé faire une faute impardonnable que de quitter cette péninfule fans en connoître la capitale. Je m'étois affuré d'ailleurs que ma curiofité à cet égard ne contrarioit pas ma réfolution de voyager avec toute la célérité poffible ; j'étois à la vérité contraint de faire un détour, mais il n'étoit pas affez long pour m'occafionner un grand retard. Ayant donc combiné ma marche avec celle de M. Kafloff, qui s'empreffa de me procurer tous les moyens de faire ce voyage avec sûreté & agrément, je m'engageai à le rejoindre à l'oftrog de Yelofki, où ce commandant me dit qu'il comptoit paffer plufieurs jours pour mettre ordre à diverfes affaires de fon adminiftration.

Pour moins perdre de temps, je pris congé de lui le foir même de notre arrivée à Tolbatchina; mais les chemins étoient encore plus mauvais que tous ceux par lefquels nous avions déja paffés. J'eus toutes les peines à arriver au point du jour à Kofirefski, village éloigné de Tolbatchina de foixante-fix verftes.

Je ne m'y arrêtai point; j'étois fier d'avoir furmonté heureufement tous les dangers que j'avois courus pendant la nuit au milieu de ces affreux chemins *(i)*. Je crus n'avoir rien à craindre dans le jour; je pourfuivis ma route avec une

1788,
Février.
Le 6.

Je quitte M. Kafloff à Tolbatchina.

Le 7.
Événemens dans mon voyage à Nijenei-kamtfchatka.

(i) Je fus enfuite que le traîneau de M. Kafloff, qui y paffa en plein jour, manqua d'y être mis en pièces, ayant heurté contre un arbre, & que dans le choc, deux de fes conducteurs furent bleffés.

1788,
Février.
Le 7.

forte de fécurité dont je ne tardai pas à être puni. Après avoir fait un affez grand nombre de verftes fur la Kamtf-chatka, que je fus charmé de retrouver, & dont j'admirai la largeur en cet endroit, je fus obligé de la quitter pour entrer dans une gorge où la neige apportée par les ouragans, préfentoit une furface inégale & trompeufe; il étoit impoffible de voir ni d'éviter les écueils qui m'environnoient. J'entendis bientôt un craquement qui m'annonça quelque fracture dans mon traîneau; en effet, un patin s'étoit partagé en deux : j'aidai mes guides à le rajufter tant bien que mal, & nous eûmes le bonheur de gagner Ouchkoff fans autre accident. Il étoit minuit lorfque nous y entrâmes, ayant fait dans cette journée foixante-fix verftes; mon premier foin fut de faire raccommoder mon traîneau, ce qui me retint jufqu'au lendemain.

Oftrog d'Ouchkoff.

Il y a dans ce village un ifba & onze balagans; le nombre de fes habitans fe réduit à cinq familles qui font partagées

en

en trois yourtes. Dans le voisinage de cet ostrog se trouve un lac très-poissonneux, où les villages des environs viennent faire leurs approvisionnemens; il est aussi d'une grande ressource pour la capitale, qui, sans les pêches qu'on y fait pour elle, manqueroit souvent de poisson qu'on sait être par-tout l'aliment de première nécessité.

1788,
Février.
Le 7.

Je partis d'Ouchkoff de grand matin, & à midi j'avois déjà fait quarante-quatre verstes, partie sur la Kamtschatka, & partie à travers des landes très-vastes. Le premier village que je rencontrai fut Krestoff; il me parut un peu plus considérable que le précédent, mais du reste parfaitement semblable à tous les autres : je n'y restai que le temps de prendre d'autres chiens. Jusque-là j'avois suivi la route que devoit tenir M. Kasloff pour aller à Yelofki; mais au lieu de me rendre comme lui à Khartchina, je dirigeai ma marche en sortant de Krestoff, vers le village de Klutchefskaïa, qui en est éloigné de trente verstes.

Le 8.

Ostrog de
Krestoff.

Partie Ire   N

1788,
Février.
Le 8.

Le temps qui depuis notre départ d'Apatchin, avoit toujours été très-beau & très-froid, changea tout-à-coup dans l'après-midi ; le ciel se couvrit de nuages, & le vent qui s'éleva de la partie de l'ouest, nous donna de la neige en abondance. Elle nous incommoda extrêmement, sur-tout pour considérer le volcan de Klutchefskaïa, que j'avois aperçu en même temps que ceux de Tolbatchina. Autant qu'il me fut possible d'en juger, la montagne qui le couve en son sein, est beaucoup plus élevée que les deux autres ; celui-ci vomit continuellement des flammes, qui semblent sortir du milieu des neiges dont la montagne est couverte jusqu'au sommet.

A la nuit tombante, je parvins au village de Klutchefskaïa. Ses habitans sont tous des paysans Sibériens, tirés des environs de la Léna, & envoyés dans ces contrées pour la culture des terres, il y a environ cinquante ans. Le nombre des mâles tant hommes qu'enfans, ne monte à guère plus de cinquante : la petite vérole n'y frappa que ceux d'entr'eux qui ne l'avoient pas encore eue ; mais elle en enleva plus de la moitié. Ces laboureurs n'ont pas été moins heureux que ceux des environs de Vercknei-Kamtfchatka : leur récolte & la qualité du grain, tant feigle qu'orge, ont cette année furpaffé leur attente. Ces payfans ont beaucoup de chevaux à eux appartenant ; quelques-uns cependant font à la couronne.

Cet oftrog eft affez grand ; il le paroît encore davantage étant féparé en deux parties, dont l'une eft à environ quatre cents pas de l'autre. Il s'étend fur-tout de l'oueft à l'eft : c'eft dans ce dernier air de vent qu'eft placée l'églife ; elle eft bâtie en bois, & dans le goût de celles de Ruffie. La plupart des habitations font des ifbas mieux conftruits & plus propres que tous ceux que j'ai vus jufqu'à préfent ; il y a auffi des magafins fpacieux. Les balagans y font en très-petit nombre, & encore ne reffemblent-ils point à ceux

1788,
Février.
Le 8.

Oftrog de
Klutchefskaïa.

N ij

1787,
Février.
Le 8.

des Kamtfchadales ; ils ont une forme oblongue ; & leur toit, qui a la pente des nôtres, pofe fur des poteaux qui le foutiennent en l'air.

La Kamtfchatka paffe au pied de cet oftrog, & n'eft jamais prife tout - à - fait en cet endroit ; elle déborde fréquemment pendant l'été : l'eau monte & pénètre parfois dans les maifons, bien qu'elles foient toutes fur la hautèur.

A quatre verftes dans l'eft de l'églife de Klutchefskaïa, eft encore un autre *zaïmka* ou petit hameau habité par des Cofaques ou foldats laboureurs, dont la récolte appartient au gouvernement ; mais je ne pus, pour l'aller voir, me déterminer à faire ce détour.

Je ne m'arrêtai que fort peu de temps à Klutchefskaïa ; l'impatience que j'avois de voir Nijenei me fit partir le foir

Oftrog de
Kamini.

même pour me rendre à Kamini, oftrog Kamtfchadale, à vingt verftes plus loin. J'y arrivai vers le milieu de la nuit, & ne fis que le traverfer.

Avant le jour j'étois à Kamokoff, à vingt verſtes de Kamini ; bientôt j'atteignis Tchokofskoï ou Tchoka, ayant fait encore mes vingt-deux verſtes. Delà juſqu'à Nijenei, il ne m'en reſtoit plus que vingt-deux, & ce trajet fut également pour moi l'affaire de quelques heures ; j'eus le plaiſir d'entrer avant midi dans cette capitale du Kamtſchatka qu'on découvre de très-loin, mais dont l'aſpect n'eſt ni impoſant ni agréable.

Il ne préſente qu'un amas de maiſons dominées par trois clochers, & ſituées au bord de la Kamtſchatka, dans un baſſin formé par une chaîne de montagnes qui s'élèvent à l'entour, mais qui en ſont cependant à une aſſez grande diſtance. Telle eſt la poſition de la ville de Nijenei, dont j'avois une plus haute idée avant de l'avoir vue. Toutes ces maiſons qu'on me dit être au nombre de cent cinquante, ſont en bois, d'un très-mauvais goût, petites, & avoient de plus alors le déſagrément d'être enſevelies

N iij

1788,
Février,
Le 9.
Oſtrogs de Kamokoff & de Tchoka.

Arrivée à Nijenei.

Deſcription de cette capitale du Kamtſchatka.

1788,
Février.
Le 9.
A Nijenei-
Kamtfchatka.

fous la neige qu'y avoient amoncelée les ouragans; ils ont régné fans interruption de ce côté, & n'ont ceffé que depuis peu de jours. Il y a deux églifes à Nijenei: l'une eft dans la ville & a deux clochers; l'autre, dépendante du fort, eft enclavée dans fon enceinte : ces deux bâtimens font d'une conftruction choquante. Le fort eft prefqu'au centre de la ville; il confifte en une paliffade affez vafte, de forme carrée. Outre l'églife dont je viens de parler, cet enclos renferme encore les magafins, l'arfenal & le corps-de-garde; un factionnaire en défend l'entrée jour & nuit. La maifon du commandant de la place, M. le major Orléankoff, eft auprès de la fortereffe : à la grandeur près, cette maifon reffemble aux autres; elle n'eft ni d'un meilleur goût, ni plus haute.

Je defcendis chez un malheureux exilé nommé *Snafidoff,* qui prefque dans le même temps avoit fubi le même fort qu'Ivafchkin, mais pour des caufes différentes : il eſt, ainſi que lui, relégué au Kamtſchatka depuis l'année 1744.

A peine y étois-je, que j'y reçus la viſite d'un officier que M. Orléankoff m'envoya pour me faire compliment ſur mon heureuſe arrivée ; il fut ſuivi de pluſieurs des principaux officiers de la ville, qui vinrent tour-à-tour m'offrir leurs ſervices le plus obligeamment du monde. Je leur témoignai combien j'étois ſenſible à leurs honnêtetés ; mais dans le fond je ſouffrois de voir qu'ils m'euſſent prévenu : auſſi dès que je fus habillé, je m'empreſſai d'aller faire à chacun mes remercîmens. Je commençai par M. le major Orléankoff; je le trouvai dans les apprêts d'une fête qu'il devoit donner le lendemain à l'occaſion du mariage d'un Polonois attaché au ſervice de Ruſſie, avec la nièce du protapope ou archiprêtre. Il eut non-ſeulement la politeſſe de m'inviter à cette noce dont il faiſoit tous les frais, mais encore il eut l'attention de venir me voir le lendemain dès le matin, & de m'emmener

1788,
Février,
Le 9.

A Nijenei-
Kamtſchatka.

N iv

1788,
Février.
Le 10.

Fête donnée
par M. le ma-
jor Orléankoff.

avec lui, pour que je ne perdiffe rien de ce fpectacle, qu'il jugeoit avec raifon fufceptible de m'intéreffer.

Cependant, ce qui m'en frappa davantage, ce fut la févérité du cérémonial. La diftinction des rangs m'y parut obfervée avec la plus fcrupuleufe délicateffe : les complimens & les façons d'ufage, toutes ces froides civilités donnèrent à l'ouverture de cette fête un certain air guindé, qui promettoit plus d'ennui que de gaîté. Le repas fut des plus magnifiques pour le pays : j'y vis fervir entr'autres mets un grand nombre de diverfes foupes ; elles étoient accompagnées de viandes froides dont on mangea d'abord beaucoup. Au fecond fervice, nous eûmes le rôti & de la pâtifferie ; mais tout cela annonçoit moins de fenfualité que de profufion. Les boiffons étoient faites de différens fruits de ces contrées, cuits & mêlés avec de l'eau-de-vie de France. On fervit de préférence & prefque continuellement force eau-de-vie du pays, faite avec de la *flatkaïa-trava* où herbe douce, dont j'ai parlé plus haut; cette liqueur, comme je l'ai dit, n'a point un goût désagréable, il est même aromatique : on s'accoutume d'autant plus volontiers à cette eau-de-vie, qu'elle est moins mal-saine que celle de grains. Tous les convives se mirent insensiblement en belle humeur; leur raison ne tint pas long-temps contre les vapeurs d'un breuvage aussi capiteux; bientôt la plus grosse joie circula autour de la table. A ce bruyant & splendide festin succéda un bal assez bien composé. L'assemblée étoit fort gaie, & l'on y dansa jusqu'au soir des contredanses Russes & Polonoises. Le bal fut terminé par un très-joli feu d'artifice que M. Orléankoff avoit fait & tira lui-même : il n'étoit pas considérable, mais l'effet ne laissa rien à desirer. Je jouis de la surprise & du ravissement extatique de la plupart des spectateurs peu faits à ce genre de divertissement; ils étoient tous à peindre; immobiles d'admiration, ils se récrioient en chœur à chaque fusée.

1788,
Février.
Le 10.
A Nijenei-
Kamtschatka.

Leurs regrets fur le peu de durée de ce feu ne m'amusèrent pas moins. Il falloit enfuite entendre tout ce monde en faire l'éloge ; & en s'en allant chacun repaffoit en foupirant tous fes plaifirs de la journée.

Je fus invité le lendemain chez le protapope, oncle de la mariée ; les chofes s'y paffèrent comme la veille, à l'exception du feu d'artifice. Le protapope, ainfi que je l'ai dit, eft le chef de toutes les églifes du Kamtfchatka ; chaque prêtre de cette péninfule lui eft fubordonné, & il décide de toutes les affaires fpirituelles : fa réfidence eft à Nijenei. C'eft un vieillard affez vert encore ; une large barbe blanche lui defcend fur la poitrine & lui donne un air vraiment vénérable. Sa converfation me parut fpirituelle, enjouée & faite pour lui attirer le refpect & l'affection de ces peuples.

Il exifte à Nijenei deux tribunaux ; à l'un fe portent les affaires d'adminiftration, & l'autre connoît de toutes les difcuffions entre les négocians ; le magiftrat qui y préfide eft une efpèce de bourguemeftre, foumis aux ordres du *gorodnitch* ou commandant de la ville. On a vu plus haut que chacune de ces juridictions relève du tribunal d'Okotsk, & qu'on rend compte de toutes les affaires au commandant de cette dernière ville.

Mais ce qui m'intéreffa le plus à Nijenei, & que je ne faurois paffer fous filence, c'eft que j'y trouvai neuf Japonois qui, l'été dernier, y furent amenés des îles Aléutiennes fur un bâtiment Ruffe deftiné au commerce des loutres.

Un de ces Japonois me raconta qu'il s'étoit embarqué avec fes compagnons fur un navire de leur pays, pour fe rendre aux îles Kouriles les plus au fud, dans la vue d'y commercer avec les infulaires; ils fuivoient la côte & en étoient peu éloignés, lorfqu'ils effuyèrent un coup de vent fi horrible, qu'ils furent emportés fort loin de-là, & s'égarèrent tout-à-fait. Suivant fon rapport, felon moi très-fuf-pect, ils battirent la mer pendant près de fix mois fans voir la terre: fans doute ils

1788,
Février.
Le 11.
A Nijenei-
Kamtfchatka.

Digreffion fur des Japonois que je trouvai à Nijenei.

1788,
Février.
Le 11.
A Nijenei-
Kamtfchatka.

avoient des vivres en abondance. Enfin,
les îles Aléutiennes fe montrèrent à leurs
regards : pleins de joie, ils réfolurent d'y
attérir, fans trop favoir où ils alloient
aborder; ils mouillèrent une ancre auprès
d'une de ces îles, & une chaloupe les
conduifit tous à terre. Ils y trouvèrent des
Ruffes qui leur proposèrent d'aller avec
eux décharger leur vaiffeau & le mettre
en fûreté; foit défiance, foit qu'ils cruffent
en effet qu'il feroit temps le lendemain, ces Japonois ne voulurent jamais
y confentir. Ils eurent bien à fe repentir
de cette négligence; car dans la nuit même
un vent du large grand frais, jeta le bâtiment à la côte : on ne s'en aperçut qu'au
point du jour, & l'on eut peine à fauver
la moindre partie de la cargaifon & quelques débris du navire, qui étoit prefque
en entier de bois de fenteur. Les Ruffes
qui les avoient accueillis, firent alors tout
ce qu'ils purent vis-à-vis de ces malheureux pour leur faire oublier leur perte;
ils leur prodiguèrent les confolations, & les

déterminèrent à la fin à les fuivre au Kamtfchatka où ils retournoient. Mon Japonois
m'ajouta qu'ils avoient été en bien plus
grand nombre ; mais que les fatigues de la
mer, & depuis, la rigueur du climat, avoient
fait périr beaucoup de fes compagnons.

Celui qui me parloit, paroît avoir
fur les huit autres un empire marqué ;
on fut de lui qu'il étoit le négociant,
& que ceux-ci n'étoient que des matelots
ou travailloient fous fes ordres. Ce qu'il
y a de certain, c'eft qu'ils ont pour lui
un attachement & un refpect finguliers ;
ils font tous navrés de douleur, & mon-
trent la plus vive inquiétude lorfqu'il eft
malade ou qu'il lui arrive quelque chofe
de fâcheux : deux fois par jour réguliè-
rement ils envoient un d'entr'eux pour
le voir. On peut dire qu'il ne leur porte
pas moins d'amitié, car il ne paffe jamais
une journée fans les vifiter à fon tour, &
il veille avec la plus grande attention à
ce qu'il ne leur manque rien. Son nom
eft *Kodaïl* ; fa figure n'a rien d'étrange,

1788,
Février.
Le 11.
A Nijenei-
Kamtfchatka.

Détails fur le
chef de ces Ja-
ponois.

1788,
Février.
Le 11.
A Nijenei-
Kamtchatka.

elle eſt même agréable; ſes yeux ne ſont point tirés comme ceux des Chinois; il a le nez alongé & de la barbe qu'il raſe aſſez fréquemment: ſa taille eſt d'environ cinq pieds & aſſez bien priſe. Il portoit ſes cheveux à la chinoiſe, c'eſt-à-dire, que du milieu de ſa tête pendoit une treſſe de la longueur de ſes cheveux qui étoient raſés tout autour; mais on eſt parvenu depuis peu à lui perſuader de les laiſſer croître & de les attacher à notre manière. Il craint extrêmement le froid; les habits les plus chauds qu'on lui a donnés, peuvent à peine l'en garantir. Il conſerve & porte toujours en deſſous ceux de ſon pays; ils conſiſtent d'abord en une ou pluſieurs chemiſes très-longues en ſoie, ſemblables à nos robes de chambre; par-deſſus il en met une autre de laine, ce qui pourroit faire croire que cette dernière étoffe eſt plus précieuſe à leurs yeux; peut-être auſſi cet arrangement a-t-il quelque motif de commodité, c'eſt ce que j'ignore. Les manches de ces vêtemens ſont larges & ouvertes. Malgré la rigueur du climat, il a conſtamment les bras nus & le cou à découvert; ſeulement lorſqu'il ſort on lui attache un mouchoir au cou, mais il l'ôte dès qu'il entre dans l'appartement; il ne pourroit, dit-il, le ſupporter.

Sa ſupériorité ſur ſes compatriotes a dû le faire diſtinguer; mais elle y a ſans doute contribué bien moins que la vivacité de ſon eſprit & la douceur de ſon caractère. Il demeure & vit chez M. le major Orléankoff. La liberté avec laquelle il entre, ſoit chez le commandant, ſoit ailleurs, ſeroit parmi nous taxée d'inſolence ou au moins de groſſièreté; ſans cérémonie il ſe met auſſitôt le plus à ſon aiſe qu'il lui eſt poſſible, & ſe place ſur le premier ſiége qu'il trouve; il demande en même temps tout ce dont il a beſoin, ou bien le prend lui-même s'il le voit ſous ſa main. Il fume preſque ſans ceſſe; ſa pipe eſt garnie en argent & peu longue; elle ne contient guère de tabac, mais il la remplit à chaque inſtant. Fumer eſt pour

1788,
Février.
Le 11.
A Nijenei-
Kamtſchatka.

1788,
Février.
Le 11.
A Nijenei-
Kamtchatka.

lui un tel befoin, qu'on a eu beaucoup de peine à obtenir qu'il ne prît pas fa pipe à table. Sa pénétration eft des plus actives; il faifit avec une promptitude admirable tout ce qu'on veut lui faire comprendre; il paroît fur-tout très-curieux & grand obfervateur. On m'a affuré qu'il tient un journal exact de tout ce qu'il voit & de tout ce qu'il lui arrive ; en effet, les objets & les ufages qu'il a fous fes yeux, font fi loin de reffembler à ceux de fa patrie, que tout eft pour lui matière à remarques: attentif à ce qui fe paffe & fe dit en fa préfence, de peur de l'oublier il en prend note par écrit. Les caractères qu'il trace m'ont paru à peu-près les mêmes que ceux des Chinois, mais la manière d'é-crire eft différente; ceux-ci écrivent de droite à gauche *, & les Japonois de haut en bas **. Il parle le Ruffe fuffifamment pour fe faire entendre; cependant il faut être

* Les Chinois commencent leurs livres, comme nous finiffons les nôtres, par la dernière page.

** Ils rangent leurs lettres par colonnes.

accoutumé

accoutumé à sa prononciation, pour con-
verser avec lui; il s'énonce avec une vo-
lubilité extraordinaire, qui fait perdre
quelquefois de ce qu'il dit, ou en change
la signification. Ses reparties en général
sont vives & naturelles; jamais il ne dé-
guise sa façon de penser, & il s'explique
on ne peut pas plus franchement sur le
compte de chacun. Sa société est douce,
& son humeur assez égale, quoique très-
portée à la méfiance; a-t-il égaré quelque
chose? il imagine dans la minute que cela
lui a été dérobé, ce qui lui donne souvent
un air inquiet. J'admirai sa sobriété, qui véritablement fait contraste en ce pays. Quand
il a résolu de ne point boire de liqueur
forte, il est impossible de l'amener seulement à en goûter : il en demande lorsqu'il
en a envie, mais jamais il n'en fait excès.
J'observai encore, qu'à l'instar des Chinois,
pour manger, il se servoit de deux petits
bâtons avec la plus grande dextérité.

Je lui demandai à voir de la monnoie de
sa patrie, & il s'empressa de satisfaire ma

1788,
Février.
Le 11.
A Nijenei-
Kamtschatka.

Monnoie du
Japon.

1788,
Février.
Le 11.
A Nijenei-
Kamtfchatka.

curiofité. Sa monnoie d'or eft une lame d'environ deux pouces de long, peu épaiffe & prefque ovale; divers caractères Japonois font gravés fur ces pièces: l'or m'en parut très-bon, fans aucun alliage; il fe plie comme l'on veut. La monnoie d'argent eft carrée, moins grande, moins épaiffe & d'un moindre poids que celle d'or; cependant il m'affura qu'au Japon elle avoit plus de valeur. La monnoie de cuivre eft abfolument la même que la *cache* des Chinois; elle eft ronde, & de la grandeur à peu-près de nos pièces de deux liards: elle eft percée carrément dans le milieu.

Marchandifes
qui faifoient
partie de la
cargaifon du
vaiffeau Japo-
nois.

Je lui fis encore quelques queftions fur la nature des marchandifes qu'on étoit parvenu à fauver de leur vaiffeau, & je compris à fes réponfes qu'elles confiftoient principalement en taffes, plateaux, boîtes & autres effets de ce genre, & d'un très-beau laque: je fus encore qu'ils en avoient vendu une partie au Kamtfchatka.

On me pardonnera, je crois, cette

digreffion fur ces Japonois; je ne faurois imaginer qu'on la trouve déplacée : elle pourra fervir à faire connoître un peuple que nous fommes fi rarement dans le cas de voir & d'étudier.

Après avoir paffé environ trois jours à Nijenei-Kamtfchatka, j'en partis le 12 à une heure après midi, pour aller re-joindre M. Kaffoff, que j'étois fûr de retrouver à Yelofki; je revins donc fur mes pas pour en reprendre la route que j'avois quittée. J'arrivai d'affez bonne heure à Tchoka, dernier village que j'avois traverfé pour me rendre à Nijenei, & qui en eft éloigné, comme on l'a vu, de vingt-deux verftes. Il y règne un vent violent & prefque continuel de la partie de l'oueft : on en trouve la raifon dans la pofition de cet oftrog, au bord de la rivière, entre deux chaînes de montagnes que celle-ci partage, & qui fe prolongent fur fes deux rives jufqu'à vingt-cinq verftes.

Je paffai la nuit à Kamokoff, & le

Q ij

1788,
Février.
Le 12.

lendemain matin je parvins en peu d'heures à l'ostrog de Kamini ou de Pierre : là,
je pris la route de Kartchina ; chemin
faisant je passai trois lacs, dont le dernier
est très-étendu, & n'a guère moins de
quatre à cinq lieues de circonférence.
Je couchai à ce dernier ostrog, distant du
précédent de quarante verstes, & situé
sur la rivière de Kartchina *(k)*.

Le 14.

J'en sortis au point du jour, & malgré
un très-mauvais temps que j'essuyai pendant toute cette journée, je vins à bout
de faire les soixante-dix verstes qui me
restoient jusqu'à Yelofki : cet ostrog est sur
la rivière du même nom, & est entouré
de montagnes.

Je rejoins
M. Kasloff à
Yelofki.

M. le commandant admira ma diligence ; mais je m'étois vainement flatté
que l'instant de notre réunion seroit celui
de notre départ. Les objets de service qui

(k) En général, presque tous les villages ont le
même nom que les rivières au bord desquelles ils
sont placés, excepté pourtant ceux qui sont sur la
Kamtschatka.

l'avôient appelé, n'étoient point encore terminés, ce qui l'obligea de prolonger son séjour; d'ailleurs il espéroit que M. Schmaleff ne tarderoit pas à nous rejoindre : en effet, en suivant notre itinéraire, il eût été possible qu'il nous eût rattrapés à Yelofki. Nous y restâmes encore cinq jours, tant pour finir les affaires que pour l'attendre inutilement. Cédant à mon impatience, M. le commandant consentit à partir le 19 de très-grand matin.

Nous fîmes d'abord cinquante-quatre verstes assez lentement; mais dans l'après midi nous fûmes surpris par une tempête horrible, qui nous vint de l'ouest & du nord-ouest. Nous étions en rase campagne; les tourbillons étoient si violens, qu'il nous fut impossible d'avancer. La neige qu'ils soulevoient par bouffées, formoit en l'air une brume épaisse; & nos guides, malgré la connoissance qu'ils avoient des chemins, ne répondoient plus de ne pas nous égarer. Jamais nous ne pûmes les déterminer à nous conduire plus loin; il

1788,
Février.
Le 14.

Le 19.
Tempête qui nous surprit en route.

O iij

étoit cruel, cependant, de reſter en panne
à la merci d'un ouragan auſſi furieux.
Quant à moi, j'avoue que je commençois fort à ſouffrir, lorſque nos conducteurs nous proposèrent de nous
mener auprès d'un bois, qu'ils nous dirent être peu éloigné, & où du moins
nous pourrions nous mettre en quelque
ſorte à l'abri. Nous ne balançâmes pas à
profiter de leur bonne volonté; mais
avant de quitter le chemin qu'il étoit
impoſſible de diſtinguer, il nous fallut
encore attendre que tous les traîneaux
de notre ſuite fuſſent raſſemblés, autrement nous euſſions couru riſque de nous
ſéparer & de nous perdre. La réunion
faite, nous gagnâmes ce bois, qui ſe
trouva heureuſement à la diſtance qu'on

nous avoit annoncée. Notre halte eut lieu
à deux heures environ après midi.

Le premier ſoin de nos Kamtſchadales
fut de creuſer un trou dans la neige,
qui, dans cet endroit, avoit au moins
ſix pieds de profondeur; d'autres appor-

tèrent du bois; en un inftant le feu fut allumé & la chaudière établie. Un léger repas & quelques mefures d'eau-de-vie, remirent bientôt tout notre monde. La nuit venue, on s'occupa des moyens de la paffer le moins mal à fon aife qu'il feroit poffible; chacun travailla à fon lit : le mien étoit dans mon vezock où je pouvois me tenir couché; mais perfonne que M. le commandant & moi n'avoit une voiture auffi commode. Comment, me difois-je, ces pauvres gens vont-ils faire pour dormir? Je fus bientôt fans inquiétude fur leur compte. La manière dont je les vis préparer leur lit, mérite d'être rapportée, quoiqu'ils n'y mettent pas grande façon : après avoir fait d'abord un creux dans la neige, ils le couvrirent de petites branches d'arbres les plus menues qu'ils purent trouver; puis s'enveloppant d'une *kouklanki*, & s'enfonçant la tête dans le capuchon qui y eft adapté, ils s'y étendirent comme fur le meilleur lit du monde. Quant à nos chiens, ils

Manière dont
les Kamtfcha-
dales préparent
leur lit fur la
neige.

1788,
Février.

furent dételés & attachés à des arbres autour de nous, où ils paſsèrent la nuit ſur la neige comme à l'ordinaire.

Le 20.

Le vent ayant beaucoup diminué, nous nous remîmes en route avant le jour; il nous reſtoit encore trente verſtes à faire pour nous rendre à Ozernoï, où nous avions eu le projet de coucher la veille. Nous y arrivâmes à dix heures du matin; mais nos chiens étant fatigués à l'excès, nous fûmes contraints d'y paſſer le reſte de la journée & même la nuit, dans l'eſpérance que le vent, qui, dans l'après midi, recommença à ſouffler avec la plus grande force, ſe calmeroit pendant cet intervalle.

Oſtrog d'Ozernoï.

L'oſtrog d'Ozernoï reçoit ſon nom d'un lac qui l'avoiſine. La rivière Ozernaïa coule au bas de ce village, mais elle eſt peu conſidérable; la maiſon du toyon eſt le ſeul iſba que j'aie vu à Ozernoï, & l'on me dit que je n'en trouverois plus juſqu'à la ville d'Ingiga. En revanche, j'y comptai quinze balagans & deux yourtes.

Je devrois décrire ici ces demeures fouterraines; mais comme celles-ci font petites en comparaifon de celles que j'aurai
bientôt occafion d'obferver, j'aime mieux
en remettre la defcription à ce moment.

Nous reftâmes encore la journée du 21
à Ozernoï, pour y attendre vainement un
fergent de la fuite de M. le commandant,
qui l'avoit envoyé à la ville de Nijenei-
Kamtfchatka.

Le lendemain nous nous rendîmes à
Ouké; nous y étions de très-bonne heure,
n'ayant fait que vingt-fix verftes : nous ne
voulûmes pas aller plus loin, pour donner
le temps à ce fergent de nous rejoindre,
ainfi qu'on lui en avoit donné l'ordre,
mais il n'arriva point.

Il n'exifte pas un feul ifba à Ouké; cet
oftrog n'eft compofé que d'une douzaine
de balagans & de deux yourtes; on en
avoit nettoyé une pour M. Kafloff, &
nous y paffâmes la nuit.

Nous fortîmes de ce village au point
du jour; à moitié chemin nous aperçûmes

1788,
Février.
Le 20.

Le 21.

Le 22.

Oftrog
d'Ouké.

Le 23.

1788,
Février.
Le 23.

un certain nombre de balagans qui ne
font habités, nous dit-on, que dans la
faifon de la pêche. Près de-là, nous re-
vîmes la mer, & nous la côtoyâmes pendant quelque temps. Je fus extrêmement
contrarié de ne pouvoir découvrir moi-
même jufqu'à quelle diftance elle étoit
prife, ni quelle étoit la direction de cette
partie de la côte de l'eft du Kamtfchatka.
Un vent du nord vint nous affaillir, &
nous pouffoit la neige dans les yeux avec
tant de violence qu'on ne pouvoit fonger
qu'à les défendre; il régnoit en outre fur
la mer une brume qui commençoit dès
le rivage & fembloit s'étendre au loin:
ce voile fombre la déroboit prefqu'entièrement à la vue. Les gens du pays que
je m'empreffai d'interroger, me répondirent que nous venions de paffer le long
d'une baie peu fpacieufe, & que la mer
étoit couverte de glace jufqu'à trente
verftes de la côte.

A Khaluli,
baidar recou-
vert en cuir.

Je ne trouvai à Khaluli, oftrog fitué
fur la rivière de ce nom, à foixante-feize

verftes d'Ouké , & peu éloigné du bord
de la mer, que deux yourtes & douze à
treize balagans; mais j'y vis avec plaifir
un baidar recouvert en cuir. La longueur
de ce bateau pouvoit être de quinze à
dix-huit pieds fur quatre de large; toute
la carcaffe étoit en planches affez minces
& arrangées en treillage : une pièce de
bois plus longue & plus groffe que les
autres fervoit de quille; les membrures
étoient affujetties avec des courroies, &
le tout recouvert de plufieurs peaux de
morfes & de loups marins de la groffe
efpèce. J'admirai fur-tout la manière dont
ces peaux étoient préparées & fi parfaitement coufues enfemble, que l'eau ne
pouvoit pénétrer dans le bateau. Il me
parut de la forme des nôtres; mais moins
arrondi, il n'en avoit pas la grâce; ré-
tréci vers les extrémités, il fe terminoit
en pointe & s'aplatiffoit à la quille.
La légèreté de ces embarcations fort
fujettes à chavirer , a fans doute néceffité cette conftruction qui leur donne

1788 ,
Février.
Le 23.

plus d'aplomb. Ce baidar étoit retiré fous un hangar qui avoit été fait exprès pour le garantir de la neige. Le toyon de Khaluli nous ayant cédé fa yourte, nous y pafsâmes la nuit, car il fallut attendre au lendemain pour nous remettre en route. Le vent avoit augmenté depuis notre arrivée, & il ne tomba que dans la nuit.

A dix heures du matin nous avions perdu de vue Khaluli, & pafsé l'ancien village de ce nom, récemment abandonné à caufe de fa mauvaife pofition. Nous rencontrâmes plus loin des habitations défertes, qui formoient autrefois l'oftrog d'Ivafchkin, tranfporté, pour la même raifon, à quelques verftes de fon premier emplacement. Enfuite nous retrouvâmes la mer, & nous fuivîmes encore pendant quelque temps la côte de l'eft. Elle nous préfenta en cet endroit une autre baie, que j'aurois voulu pouvoir confidérer à mon aife, mais la brume épaiffe qui régnoit fur la mer, à partir du rivage, ne permit pas à ma vue de s'étendre au-delà de la glace;

il me parut seulement que la brume s'é-
claircissoit à mesure que le vent qui, jusqu'à ce moment avoit été ouest & nord-
ouest, devenoit nord-est.

Ivaschkin est à quarante verstes de Khaluli & très-voisin de la mer. Deux yourtes
& six balagans composent cet ostrog, situé
sur une petite rivière de son nom, qui
étoit entièrement prise, comme celle que
nous venions de passer.

Nous couchâmes en ce village, où la
crainte d'un ouragan dont on nous disoit
menacés, nous fit rester le lendemain une
partie du jour ; nous en fûmes quittes pour
la peur, & quoiqu'il fût assez tard lorsque
nous nous décidâmes, nous pûmes encore
nous rendre à Drannki : le trajet n'étoit
que de trente verstes. La position de cet
ostrog est la même que celle du précédent :
nous y trouvâmes M. Haus, officier Russe ;
il venoit de Tiguil, & apportoit à M. le
commandant divers objets d'histoire naturelle.

Nous partîmes de Drannki à la pointe

1788,
Février.
Le 27.
Baie confidé-
rable & affez
commode.

du jour. Dans l'après midi nous traversâmes une baie, dont la largeur eft de
quinze verftes environ fur vingt-cinq à
trente de profondeur ; fon entrée n'a
guère moins de cinq verftes : elle eft formée par la côte du fud. Celle-ci eft une
terre baffe, qui décroît à mefure qu'elle
s'avance dans la mer. La baie court oueft-
nord-oueft & eft-fud-eft : il m'a femblé
que dans l'oueft-nord-oueft de fon entrée,
en approchant de Karagui, les vaiffeaux
pourroient mouiller fûrement à l'abri des
vents de fud, d'oueft & de nord. La partie
du fud ne promet pas un auffi bon mouil-
lage ; les gens du pays prétendent qu'il
s'y rencontre plufieurs bancs de fable. Je
fus obligé de m'en rapporter à leur dire;
la glace & la neige m'empêchèrent de
m'en affurer plus pofitivement.

Oftrog de
Karagui, le
dernier du dif-
trict du Kamt-
fchatka.

Nous fîmes foixante-dix verftes dans
cette journée, & le foir nous parvînmes à
Karagui. Ce village eft fur une élévation,
d'où l'on découvre la mer; fes habitations
fe bornent à trois yourtes & douze bala-

gans, au pied deſquels paſſe la Karaga.
Cette rivière ſe jette dans la mer à quelques portées de fuſil de l'oſtrog, le dernier
du diſtrict du Kamtſchatka; car on ne
compte pas un hameau qui eſt à cent
verſtes plus loin, & où il y a très-peu de
Kamtſchadales.

Comme nous ſommes forcés d'attendre
ici des proviſions de poiſſons ſecs, reſtées
en arrière & deſtinées à nourrir nos chiens
dans les déſerts que nous devons traverſer,
je vais profiter de ce ſéjour pour tranſcrire
diverſes notes que j'ai priſes dans les villages précédens & dans celui-ci. Elles ne
ſeront pas placées dans l'ordre où je les
ai faites; mais on doit ſentir que la rapidité de notre marche ne m'en laiſſe pas
toujours le maître *(l)*.

1788,
Février.
Le 27.

(l) On me reprochera peut-être, que ma narration ne préſente ſouvent que des détails arides &
trop uniformes; je me ſerois empreſſé de les épargner
au lecteur, ſi je ne lui euſſe pas promis une
exactitude ſcrupuleuſe : mais qu'il obſerve de quels
objets je ſuis environné dans l'immenſe étendue

1788,
Février.
Le 28.
A Karagui.
Description
des yourtes.

Je parlerai d'abord des yourtes que je n'ai pu encore décrire, bien qu'elles m'aient paru mériter une attention particulière. Ces maisons bizarres s'enfoncent sous terre, comme je l'ai dit *(m)*, & le comble qui s'élève au-dessus, a la forme d'un cône tronqué; mais pour en prendre une idée plus juste, qu'on se figure un grand trou carré d'environ six à sept toises de diamètre & de huit pieds de profondeur; les quatre côtés revêtus de solives ou de planches, & tous les interstices de ces murs remplis avec de la terre, de la paille ou de l'herbe séchée & des pierres. Au fond de ce trou sont plantés plusieurs poteaux soutenant des traverses, sur lesquelles porte le toit; il

---

de pays que je parcours; il verra qu'ils sont presque par-tout les mêmes. Dépend-il donc de moi de varier mes descriptions, & de ne pas tomber dans quelques redites !

(m) A mon passage à Paratounka, on se souvient que je vis quelques yourtes, mais elles étoient à moitié détruites, & j'ai pu à peine en indiquer la forme extérieure.

commence

commence au niveau du fol & l'excède
de quatre pieds ; fon épaiffeur eft de deux
pieds , & fa pente peu rapide. Il eft au
refte conftruit comme les murs ; vers le
fommet, il eft percé carrément : cette ouverture a quatre pieds de long fur trois
de large ; c'eft par-là que s'échappe la
fumée *(n)*, & qu'on defcend dans la yourte
à l'aide d'une échelle ou poutre entaillée,
qui s'élève dans l'intérieur à l'orifice de
cette entrée, commune aux hommes & aux
femmes. On regarde comme une forte
de déshonneur, de paffer fous une porte
très-baffe, qui fe trouve à l'un des côtés
de la yourte. Pour terminer la defcription
des dehors de ces habitations, j'ajouterai

1788,
Février.
Le 28.
A Karagui.

(n) La fumée règne fi continuellement dans ces
maifons fouterraines, que cette iffue ne fauroit fuffire
à fon évaporation. Pour la faciliter, on y pratique
dans un coin inhabité, derrière le foyer, une efpèce
de ventoufe, dont la direction eft oblique. Cette
manière de foupirail s'appelle *joupann ;* fa bouche
aboutit au dehors à quelques pieds de l'ouverture
carrée : on la ferme ordinairement avec une natte
ou un paillaffon.

Partie Ire   P

qu'elles font entourées d'une paliffade affez haute, fans doute pour les garantir des coups de vent ou de la chute des neiges ; d'autres prétendent que ces enceintes fervoient autrefois de remparts à ces peuples pour fe défendre contre leurs ennemis.

Eft - on defcendu dans ces demeures fauvages, on voudroit en être dehors; la vue & l'odorat y font également bleffés : l'unique pièce qui en compofe l'intérieur, a environ dix pieds de haut. Une eftrade large de cinq & couverte de peaux à moitié ufées de rennes, de loups marins ou d'autres animaux, fait le tour de l'appartement : cette eftrade n'eft pas à plus d'un pied de terre *(o)*, & fert communément de lit à plufieurs familles. J'ai compté dans une feule yourte plus de vingt perfonnes, tant hommes que femmes & enfans : tout ce monde mange, boit &

(o) J'ai vu quelques yourtes plancheïées, mais cela eft regardé comme un luxe, & la plupart n'ont que la terre pour plancher.

1788 ,
Février.
Le 28.
A Karagui.

Diftribution intérieure, & ameublement des yourtes.

dort pêle-mêle; fans gêne ni pudeur, ils
y fatisfont à tous les befoins de la nature,
& jamais ils ne fe plaignent du mauvais
air qu'on refpire en ces lieux. A la vérité,
le feu y eft prefque continuel. Pour l'ordinaire le foyer eft placé au milieu de la
yourte ou dans un des côtés. Le foir, on a
le foin de ramaffer la braife en tas, & de
fermer le trou qui fert d'iffue à la fumée;
par ce moyen, la chaleur fe concentre &
fe conferve pendant toute la nuit. A la
lueur d'une lampe lugubre, dont j'ai déjà
fait connoître la forme & l'odeur infecte,
on découvre dans un coin de l'appartement *(p)* une mauvaife image de quelque
faint, toute luifante de graiffe & noire de
fumée : c'eft devant ces images que ces
peuples s'inclinent & font leur prière.
Les autres meubles fe bornent à des bancs
& à des vafes de bois, ou d'écorces d'arbre;

1788,
Février.
Le 28.
A Koriagui,

(p) Ce réduit eft en quelque forte féparé de
l'appartement; il eft un peu moins fale, parce qu'il
eft moins fréquenté : c'eft la place d'honneur réfervée
aux étrangers.

P ij

1788,
Février.
Le 28.
A. Karagui.

ceux qui servent à la cuisine sont en fer ou en cuivre; tous sont d'une malpropreté révoltante. Des restes de poisson séché sont épars çà & là, & à tous momens des femmes ou des enfans sont à faire griller des morceaux de peau de saumons; c'est un de leurs mets favoris.

Habillement
des enfans.

L'habillement des enfans arrêta mes regards par sa singularité; on m'assura qu'il ressembloit parfaitement à celui des Koriaques. Il consiste en un seul vêtement, c'est-à-dire, dans une peau de renne qui enveloppe & serre chaque partie du corps, de sorte que ces enfans paroissent cousus de toutes parts : une ouverture en bas, devant & derrière, donne la possibilité de les nettoyer. Cette ouverture est recouverte d'un autre morceau de peau qui s'attache & se lève à volonté; il soutient un paquet de mousse *(q)*, qu'on met en guise de couche entre les jambes de

------

(q) On se sert également de l'herbe appelée *tonnchitcha.*

l'enfant, & qu'on renouvelle à mesure qu'il l'a sali. Outre les manches ordinaires, il en est deux autres attachées à son habit, & dans lesquelles on lui passe les bras lorsqu'il a froid; les extrémités en sont fermées, & le dedans est garni de mousse. On le coiffe aussi d'un capuchon de la même peau que son vêtement; mais dans les yourtes, les enfans sont presque toujours tête nue, & le capuchon leur pend sur les épaules: ils ont encore pour ceinture une lanière de peau de renne. Leurs mères les portent sur le dos, par le moyen d'une courroie qui passe autour du front de la femme & sous le derrière de l'enfant.

Le toyon de Karagui, chez qui nous logions, étoit un ancien rebelle; on avoit eu de la peine à le faire rentrer dans le devoir, & il nous donna quelques inquiétudes par le refus formel qu'il nous fit de nous procurer du poisson.

Les mœurs des habitans de cet ostrog, tiennent beaucoup de celles des Koriaques leurs voisins. Cette analogie ne se fait pas

1788,
Février.
Le 28.
A Karagui.

Le 29.
Idiome des habitans de cet ostrog.

1788,
Février.
Le 29.
A Karagui.
Des Koriaques
nous amènent
deux rennes en
vie.

moins fentir dans l'idiome que dans l'ha=
billement des enfans. J'eus occafion de le
remarquer le lendemain de notre arrivée.

Ayant appris que dans les environs
étoient deux hordes de Koriaques à
rennes, nous leur dépêchâmes auffitôt
un exprès pour leur propofer de nous
en vendre; ils ne fe firent pas prier, le
même jour ils nous amenèrent deux rennes
en vie. Ce fecours vint à propos pour
tranquillifer nos gens, qui commençoient
à craindre de manquer de vivres; cependant la difette menaçoit encore plus
nos chiens, les provifions de poiffon n'ar-
rivoient point. On fe hâta donc de tuer
un renne; mais lorfqu'il fut queftion du
prix, nous nous trouvâmes fort embarraffés pour traiter avec les vendeurs; ils
ne parloient ni Ruffe ni Kamtfchadale,
& leurs fignes n'étoient rien moins qu'ex-
preffifs : jamais nous ne nous fuffions en-
tendus, fans un habitant de Karagui qui
vint nous fervir d'interprète.

Diftinction
des deux fortes
de Koriaques.

On diftingue deux fortes de Koriaques;

ceux proprement appelés de ce nom, ont une réfidence fixe ; les autres, qui font nomades, font connus fous la dénomination de *Koriaques à rennes (r):* ils en ont de nombreux troupeaux, & pour les nourrir, ils les conduifent dans les cantons où la mouffe abonde. Ces pâturages font-ils épuifés, ils courent en chercher d'autres : ils errent ainfi fans ceffe, campant fous des tentes de peaux & vivant du produit de leurs rennes.

Ces animaux ne leur font pas moins utiles pour le tranfport, que les chiens aux Kamtfchadales. Les Koriaques qui nous vinrent trouver, étoient traînés par deux rennes ; mais la façon de les atteler & de les mener, & la forme du traîneau exigent des détails particuliers. Il convient, je penfe, de les renvoyer au moment où, voyageant chez ces peuples, je ferai

---

(r) On me dit qu'il y avoit de ces Koriaques errans dans l'île de Karagui, à vingt-fix verftes du village de ce nom dans l'eft-fud-eft de la baie ; j'ai cru avoir découvert de loin cette île.

P iv

plus à portée de faire des observations exactes.

Ces provisions si desirées nous parvinrent enfin le 29 au soir ; elles nous furent amenées par le sergent que nous attendions depuis plusieurs jours. Nous nous disposâmes à partir le lendemain matin ; mais il s'éleva dans la nuit un vent d'ouest & de nord-ouest des plus violens. Cet ouragan fut accompagné de neige ; elle tomba en telle abondance, que nous fûmes contraints de différer notre départ. Il falloit un temps aussi affreux pour nous y forcer, car l'arrivée de nos provisions avoit redoublé notre impatience ; elles étoient peu considérables, & nos besoins si pressans, qu'à peine reçues elles avoient été entamées : il étoit donc de notre intérêt d'abréger les séjours, pour qu'elles ne se trouvassent pas consommées avant que nous eussions passé les déserts.

Dans la matinée le vent mollit, mais la neige continua, & le ciel menaçoit d'une autre tempête avant la fin du jour ; elle commença en effet à gronder vers les deux heures après-midi, & dura jusqu'au soir.

Pour nous distraire, on nous proposa de prendre une idée des talens d'une célèbre danseuse Kamtschadale, habitante de Karagui. Ce qu'on nous en dit piqua notre curiosité, & nous la fîmes venir; mais, soit caprice, soit humeur, elle refusa de danser, & ne parut faire aucun cas de notre invitation. Vainement on lui représenta que c'étoit manquer de complaisance & même de respect envers M. le commandant; il fut impossible de la déterminer. Heureusement nous avions de l'eau-de-vie sous la main; quelques rasades parurent changer ses dispositions. En même temps, à notre instigation, un Kamtschadale se mit à danser devant elle, en la provoquant de la voix & du geste. Peu-à-peu les yeux de cette femme s'allumèrent; sa contenance devint convulsive; tout son corps tressailloit sur l'estrade où elle étoit assise : aux agaceries, aux chants

1788,
Mars.
Le 1.er

A Karagui.
Célèbre danseuse Kamtschadale.

aigus de fon danfeur, elle répondoit par de pareils efforts de voix, & en battant la mefure avec fa tête, qui tournoit en tout fens. Bientôt les mouvemens furent fi preffés, que n'y tenant plus, elle s'élança à terre, & défia à fon tour fon homme par des cris & des contorfions encore plus bizarres. Il eft difficile d'exprimer le ridicule de fa danfe ; tous fes membres fembloient difloqués ; elle les remuoit avec autant de force que d'agilité ; fes mains fe portoient à fon fein avec une forte de rage, le découvroient & s'y attachoient, comme fi elle eût voulu le déchirer ainfi que fes vêtemens. Ces tranfports étranges étoient accompagnés de poftures plus étranges encore ; en un mot, ce n'étoit plus une femme, mais une furie. Dans fon aveugle frénéfie, elle fe feroit précipitée dans le feu allumé au milieu de la yourte, fi fon mari ne fe fût pas empreffé d'avancer un banc pour l'en empêcher ; il eut encore la précaution de fe tenir fans ceffe auprès d'elle. Lorfqu'il vit qu'ayant abfolument perdu la tête, elle fe jetoit de tous côtés, & qu'elle étoit réduite, pour fe foutenir, à s'accrocher à fon danfeur, il la prit dans fes bras & la porta fur l'eftrade; elle y tomba, comme une maffe, fans connoiffance & hors d'haleine. Elle fut près de cinq minutes en cet état : cependant le Kamtfchadale, fier de fon triomphe, ne ceffoit pas de chanter & de danfer. Revenue à elle, cette femme l'entendit; foudain, malgré fa foibleffe, elle fe fouleva encore, en pouffant des fons mal articulés : on eût dit qu'elle alloit recommencer cette pénible lutte. Son mari la retint, & demanda grâce pour elle : mais le vainqueur, fe croyant infatigable, continuoit de l'agacer ; il fallut ufer de notre autorité pour lui impofer filence. Malgré les éloges qui furent donnés aux talens des acteurs, j'avoue que je ne trouvai pas la fcène gaie; je dirai plus, elle me révolta.

Hommes & femmes, tout le monde ici fume & mâche du tabac. Par un

1788,
Mars.
Le 1.er
A Karagui.

Amour de ces peuples pour le tabac.

1788,
Mars.
Le 1.er
A Karaguï.

raffinement que j'ignorois, on le mêle avec de la cendre, pour, me dit-on, le rendre plus fort. Les habitans, à qui nous en préfentâmes en poudre, ne le portèrent pas à leur nez, mais à leur bouche. J'examinai leurs pipes ; elles ont la même forme que celles des Chinois ; toutes étoient d'os & très-petites. Lorfqu'ils fument, ils fe gardent bien de renvoyer la fumée ; ils l'avalent avec délices.

Adieux des
toyons qui
nous avoient
fervi d'efcorte.

Tous les toyons des oftrogs par lefquels nous avions paffés depuis Ozernoi, par refpect & par honneur pour M. Kafloff, nous avoient fervi d'efcorte jufqu'à Karaguï.

Le furlendemain de notre arrivée, ils avoient pris congé de nous pour retourner chacun à leur village. Leurs adieux furent des plus affectueux. Après avoir demandé de nouveaux pardons à leur commandant de ne l'avoir pas mieux reçu à fon paffage, ils lui témoignèrent leurs vifs regrets de fe féparer de lui, comme s'ils l'euffent laiffé au milieu des plus grands dangers; ils lui offrirent tout ce qu'ils poffédoient, ne connoiffant pas d'autres marques d'attachement. Ils s'adref-sèrent pareillement à moi, me priant avec inftance de recevoir d'eux quelque chofe: en vain je voulus m'en défendre, mes refus ne les rendirent que plus preffans; & pour les contenter, je fus obligé de prendre leurs dons.

Il faut que je rempliffe ici envers tout le peuple Kamtfchadale, que je vais quitter, le devoir que fes procédés à mon égard m'ont impofé. Je me plais à me re-tracer le fouvenir de l'obligeant accueil qu'il m'a fait; j'ai vanté fon hofpita-lité & fa douceur, mais je ne me fuis pas affez étendu fur les témoignages d'affection que ces bonnes gens me don-nèrent. Il n'eft, je crois, aucuns chefs d'oftrogs qui ne m'aient fait quelques petits préfens; tantôt c'étoit une peau de martre zibeline ou de renard, tantôt des fruits ou du poiffon, & tels autres objets

1788,
Mars.
Le 1.er
A. Karagui.

Marques
d'affection que
me donnèrent
les Kamtfcha-
dales.

qu'ils jugeoient m'être agréables. J'avois beau être en garde contre leurs offres, ils revenoient fans ceffe à la charge & me contraignoient d'accepter : on eût dit qu'ils prenoient à tâche de réparer envers moi, l'injuftice qu'ils avoient fi long-temps faite au nom François. Souvent ils me remercioient de les avoir défabufés fur notre compte ; quelquefois auffi ils étoient tentés de le regretter, en fongeant qu'ils ne me verroient plus, & que mes compatriotes étoient rarement dans le cas de voyager dans leur péninfule.

Nous fortîmes de Karagui à une heure du matin par un temps affez calme, qui fe foutint tout le jour. La feule contrariété que nous éprouvâmes dans notre marche, fut de ne pouvoir traverfer, comme nous l'avions efpéré, une baie que la tempête de la veille avoit fait débacler ; il fallut en faire le tour. Cette baie a de la profondeur ; fa largeur eft de huit à dix verftes, & la direction de fon cours me parut nord-eft & fud-oueft. La glace ne s'étoit rompue que jufqu'à l'embouchure, & là, reprenant fa folidité, s'avançoit dans la mer : avec le circuit que ce dégel nous obligea de faire, notre journée peut s'é-valuer à cinquante verftes.

A la nuit tombante nous nous arrê-tâmes en plein-champ; auffitôt les tentes furent dreffées. Sous la plus grande, ap-partenant à M. Kafloff, fon vezock & le mien furent approchés portière contre portière, de manière qu'en baiffant les glaces, qui étoient de feuilles de talc, nous pouvions facilement nous entretenir & nous communiquer. Les autres traî-neaux étoient rangés deux à deux autour de notre tente, & l'intervalle d'un traî-neau à l'autre étoit couvert de toile ou de peaux, fous lefquelles nos conducteurs & les gens de notre fuite pouvoient fe mettre à l'abri & faire leurs lits. Telle étoit la difpofition de nos haltes en rafe campagne.

Dès que la chaudière étoit établie nous prenions du thé, puis l'on s'occupoit de

1788,
Mars.
Le 2.

Difpofition de nos haltes en rafe campagne.

En quoi con-fiftoit notre fouper, notre unique repas.

1788,
Mars.
Le 1.

la préparation du souper, notre unique repas chaque jour. Un caporal y préfidoit comme maître d'hôtel & comme cuifinier: les mets qui fortoient de fa main n'é-toient ni nombreux ni délicats; mais fa promptitude à les apprêter, & notre apétit nous rendoient indulgens. Il nous fervoit pour l'ordinaire une foupe de bifcuit de pain noir avec du riz ou du gruau; en une demi-heure elle étoit faite, & voici com-ment: il prenoit une pièce de bœuf ou de renne, & avant de la jeter dans l'eau bouil-lante, il la coupoit par morceaux très-minces, qui étoient cuits dans l'inftant.

La veille de notre départ de Karagui, on avoit tué & entamé notre fecond renne. Nous nous régalâmes avec fa moëlle crue ou cuite; je la trouvai excellente: nous fîmes auffi bouillir la langue, & je ne crois pas avoir jamais rien mangé de meilleur.

Le 3.
Nos chiens commencent à fouffrir de la difette; plu-fieurs périffent.

Nous reprîmes notre marche de grand matin, mais il nous fut impoffible de faire plus de trente-cinq verftes. Le vent avoit changé;

changé : revenu à l'oueſt & au ſud-oueſt, il ſouffla de nouveau avec une violence extrême & nous rejetoit la neige au viſage. Nos conducteurs ſouffrirent beaucoup, bien moins cependant que nos chiens, dont pluſieurs périrent en chemin épuiſés de fatigue ; les autres ne pouvoient nous traîner, tant ils étoient foibles, faute de nourriture : on ne leur donnoit plus qu'un quart de leur ration ordinaire, & à peine leur reſtoit-il encore des vivres pour deux jours.

Dans cette extrémité, nous dépêchâmes un ſoldat à l'oſtrog de Kaminoi, pour y chercher du ſecours, & pour faire venir à notre rencontre l'eſcorte qui devoit y attendre M. Kaſloff. C'étoit une garde de quarante hommes qu'on lui avoit envoyée d'Ingiga, à la première nouvelle de la révolte des Koriaques.

Nous n'avions plus que quinze verſtes à faire pour atteindre le village ou hameau de Gavenki ; nous eſpérions y trouver du poiſſon pour nos chiens ; & dans

1788,
Mars.
Le 3.

Soldat envoyé
à Kaminoi,
pour y chercher du ſecours.

Arrivée au
village de Gavenki.

Partie I.ʳᵉ   Q

cette confiance, nous nous hafardâmes à leur accorder le foir double portion, afin de les mettre en état de nous y conduire. Après avoir paffé la nuit comme la précédente, nous nous remîmes en route à trois heures du matin : nous ne quittâmes point le bord de la mer jufqu'à Gavenki, où nous n'arrivâmes qu'à dix heures. Ce village eft ainfi nommé à caufe de fa laideur & de fon état miférable *(ſ)*; on n'y

voit en effet que deux yourtes menaçant ruine, & fix balagans affez mal conftruits avec de vilains bois tortus, que la mer jette parfois fur le rivage, car il n'y a pas un arbre aux environs; feulement on y aperçoit de loin en loin quelques arbriffeaux très-chétifs & très-clair-femés. Je ne fus pas étonné d'apprendre que depuis peu, plus de vingt habitans s'étoient expatriés volontairement pour chercher de meilleurs gîtes. Aujourd'hui la population

---

(ſ) Son nom dérive du mot *gavna,* qui fignifie excrément.

de ce hameau se borne à cinq familles, y compris celle du toyon; encore compte-t-on dans ce nombre deux Kamtschadales qui sont venus de l'île de Karagui, s'établir ici. On ne me dit point les raisons de leur déplacement, mais je doute qu'ils aient gagné au change.

Il n'y avoit pas une heure que nous étions à Gavenki, qu'il s'éleva une querelle entre un sergent de notre suite & deux paysans du village, à qui il s'étoit adressé pour avoir du bois. Ceux-ci répondirent brusquement qu'ils n'en vouloient pas donner; de propos en propos les têtes s'échauffèrent: les Kamtschadales peu intimidés des menaces du sergent, tirèrent leurs couteaux *(t)*, & vinrent sur lui; mais aussitôt ils furent désarmés par deux de nos soldats. Dès que M. le commandant fut instruit de cet acte de

1788, *Mars.* Le 4. A Gavenki.

Querelle entre un de nos ser-gens & deux habitans de Ga-venki.

(t) Ces couteaux pouvoient avoir deux pieds de long; ils s'attachent à la ceinture, & pendent sur les cuisses.

violence, il ordonna qu'on fît un exemple par la punition des coupables. Il les fit amener devant la yourte où nous étions, & cherchant à en imposer aux autres habitans, il sortit pour presser lui-même le supplice. Le toyon qui étoit resté pour me tenir compagnie, se mit alors à murmurer devant moi de la rigueur avec laquelle on traitoit ses deux compatriotes; sa famille m'environnoit en criant encore plus haut que lui. J'étois seul, cependant j'allois essayer de les calmer, quand je m'aperçus que M. Kasloff avoit oublié ses armes; je sautai sur nos sabres au mouvement que fit le toyon pour sortir, & je le suivis de près. Déjà il avoit joint M. le commandant, & ameutant tous ses voisins, il demandoit à grands cris qu'on relâchât les délinquans ; il étoit, disoit-il, leur seul juge, il n'appartenoit qu'à lui de les punir. A ces clameurs séditieuses, M. Kasloff ne répondit que par un regard sévère, qui déconcerta l'effronterie de ces paysans & de leurs chefs ; celui-ci dit

encore quelques mots , mais on le faifit &
on le força d'affifter au châtiment qu'il
prétendoit empêcher. Des deux rebelles
qui le fubirent, l'un étoit un jeune homme
de dix-huit ans, & l'autre un homme de
vingt-huit à trente. Ils furent déshabillés &
couchés par terre ; deux foldats leur te-
noient les jambes & les mains , tandis que
quatre autres faifoient tomber fur leurs
épaules une grêle de coups ; on les battit
ainfi l'un après l'autre avec des baguettes
de fapin féché , qui mirent leurs corps tout
en fang. A la prière des femmes , que la
foibleffe de leur fexe rend par-tout plus
compatiffantes , le fupplice fut abrégé ;
on leur remit le jeune homme , à qui
elles firent fur le champ une belle
exhortation , dont il fe fût bien paffé ,
car il n'étoit guère en état de l'entendre ,
& encore moins de fonger à fe révolter
une feconde fois.

La févérité dont s'arma dans cette occafion M. le commandant, étoit d'autant
plus néceffaire, que nous commençâmes

1788 ,
Mars.
Le 4.
A Gavenki.

Les habitans
nous refufent
du poiffon.

Q iij

1787,
Mars.
Le 4.
A Gavenki.

à apercevoir ici des nuances contagieuses du caractère inquiet des Koriaques. Opposées aux mœurs des Kamtschadales que nous venions de quitter, celles des habitans de Gavenki nous faisoient douter si c'étoit encore le même peuple : autant nous avions eu à nous louer du zèle & de la bonté des autres, autant nous eûmes à nous plaindre de la dureté & de la fourberie de ceux-ci. Quelques instances que nous leur fîmes, nous n'en pûmes obtenir du poisson, pour nos chiens ; ils nous assuroient froidement qu'ils n'en avoient point ; leurs réponses équivoques les trahissoient, & nos gens ne tardèrent pas à en reconnoître la fausseté. A force de fureter ils découvrirent des réservoirs souterrains, où, à notre approche, ces gens avoient enfoui leurs provisions. Malgré le soin qu'ils avoient pris d'en masquer les vestiges, en les couvrant artistement de terre & de neige, en peu de temps tout fut dépisté par nos chiens, que leur nez & la faim dirigeoient. A la vue de leurs caveaux enfoncés & du poiſſon qu'on en tira, ces payſans nous alléguèrent les plus mauvaiſes raiſons pour ſe juſtifier ; elles redoublèrent notre indignation, &, ſans un reſte de pitié pour eux, nous euſſions tout enlevé ; mais nous nous contentâmes d'en prendre une petite partie.

D'après ce que nous trouvâmes dans ces ſouterrains, il paroît qu'on pêche ſur ces côtes du ſaumon, du hareng, de la morue, des morſes & différens autres animaux amphibies.

Il n'y a ni ſource ni rivière dans les environs, mais ſeulement un lac qui fournit de l'eau aux habitans de Gavenki. Ils ont ſoin l'hiver de venir caſſer la glace qui le couvre ; ils en emportent des quartiers conſidérables, puis les jettent dans des eſpèces d'auges, ſuſpendues dans la yourte à la hauteur d'un homme. La chaleur y eſt aſſez forte, pour que la glace ſe fonde peu à peu ; & c'eſt-là que chacun vient puiſer quand il a ſoif.

Q iv

1787,
Mars.
Le 4.
A Gavenki.

Poiſſons qu'on pêche ſur ces côtes.

Lac des environs de Gavenki.

1788.
Mars.
Le 4.
A Gavenki.

On voit auprès de ce village, une montagne ou une espèce de retranchement de la façon de ces peuples, qui s'y réfugioient autrefois dans leurs révoltes.

Départ de Gavenki.
Du 5 au 9.

Nous ne nous arrêtâmes à Gavenki que douze à treize heures; nous en partîmes la nuit pour nous rendre à Pousta-retsk, qui en est éloigné de plus de deux cents verstes: il nous fallut cinq grands jours pour faire ce trajet; jamais notre marche n'avoit été aussi pénible. Nous n'eûmes pas à nous plaindre du temps de la première journée; mais le lendemain, la neige & les coups de vent nous assaillirent: ils se succédèrent sans interruption & avec tant d'impétuosité, que nos conducteurs en étoient aveuglés; à quatre pas devant eux, ils ne distinguoient rien; ils ne voyoient pas même le traîneau qui les suivoit immédiatement.

Notre guide nous égare.

Pour surcroît de malheur, le guide que nous avions pris à Gavenki, étoit vieux & avoit la vue courte, aussi nous égaroit - il souvent ; alors il nous faisoit arrêter , & alloit seul en avant, pour chercher des points de ralliement : mais comment en trouver dans une plaine aussi vaste, couverte de neige , & où l'on n'apercevoit ni bois, ni montagnes, ni rivières? A tous momens l'expérience de notre guide étoit mise en défaut par le mauvais temps, malgré la connoissance incroyable qu'il avoit de ces chemins : la moindre butte, le moindre arbrisseau, c'en étoit assez pour le remettre sur la voie ; cependant, comme il se trompoit quelquefois, nous jugeâmes avoir fait chaque jour plus de vingt verstes en détours forcés qu'il nous occasionna.

Au bout de deux jours, mes chiens furent réduits à un seul poisson qu'on partageoit entre tous. Le défaut de nourriture épuisa bientôt leurs forces ; à peine pouvoient-ils nous traîner : les uns tomboient sous les coups de nos conducteurs, les autres refusoient service ; plusieurs restèrent sur la place, morts d'inanition.

1788,
Mars.
Du 5 au 9.

La famine
nous enlève
nos chiens.

De trente-sept chiens attelés à mon vezock, en partant de Bolcheretsk, je n'en avois plus que vingt-trois, encore étoient-ils d'une foiblesse extrême ; M. Kasloff avoit pareillement perdu beaucoup des siens.

La disette devint à la fin si grande, que nous nous vîmes à la veille de ne pouvoir sortir de ce désert. Nos chiens n'ayant plus du tout de poisson, nous fûmes obligés, pour les soutenir, de prendre sur nos propres provisions ; mais leur part étoit modique ; la prudence nous imposoit la plus sévère économie.

Nous laissons nos équipages au milieu du chemin.

Dans cette fâcheuse conjoncture, nous abandonnâmes nos équipages au milieu du chemin, à la garde de quelques-uns de nos conducteurs ; &, après avoir choisi dans l'attelage de ces traîneaux les moins mauvais chiens, pour remplacer ceux qui nous manquoient, nous poursuivîmes notre route.

Nouvelles peines.

Nous ne fûmes pas hors de peine ni d'inquiétude. L'eau ne tarda pas à nous manquer : le seul petit ruisseau que nous

rencontrâmes étoit glacé ; il fallut nous
réſoudre à nous déſaltérer avec de la neige.
Le défaut de bois fut un autre embarras ;
pas un arbre ſur notre chemin ; nous
faiſions quelquefois une verſte pour aller
à la découverte d'un méchant arbriſſeau
qui n'avoit pas un pied de haut : tous
ceux qui s'offroient à nos regards étoient
auſſitôt coupés & emportés , dans la
crainte de n'en pas trouver plus loin ;
mais ils étoient ſi petits & ſi rares qu'ils
ne ſuffiſoient pas pour cuire nos alimens.
Il n'étoit donc pas queſtion de nous
chauffer ; le froid pourtant étoit des plus
rigoureux , & la lenteur de notre marche
nous donnoit le temps de nous morfondre ; à chaque pas nous étions contraints de nous arrêter pour dételer les
chiens qui expiroient les uns ſur les
autres.

Je ne ſaurois rendre ce qui ſe paſſa en
moi dans cette circonſtance ; le moral
ſouffroit encore plus que le phyſique.
Je prenois aiſément mon parti ſur les

1788,
Mars.
Du 5 au 9.

incommodités que je partageois avec mes compagnons; leur exemple & ma jeuneffe me faifoient fupporter tout avec courage; mais ma conftance m'abandonnoit dès que je fongeois à mes dépêches. La nuit, le jour, elles étoient fans ceffe fous ma main, je n'y touchois qu'en frémiffant. L'impatience de remplir ma miffion, l'image des obftacles que j'avois à vaincre, l'incertitude d'y réuffir, toutes ces idées venoient à la fois m'agiter. Je les écartois; l'inftant d'après, une nouvelle contrariété me ramenoit à ces réflexions défefpérantes.

En fortant de Gavenki, nous avions quitté la côte de l'eft; celle de l'oueft fe préfenta à nous à deux verftes de Poufta-retsk; de forte que nous avions traverfé cette partie du Kamtfchatka dans toute fa largeur, qui n'eft, comme l'on voit, que de deux cents verftes, c'eft-à-dire, de cinquante lieues. Nous fîmes ce trajet plus à pied qu'en traîneaux : nos chiens étoient fi foibles, que nous préférions de nous fatiguer nous-mêmes pour les foulager, rarement encore en alloient-ils plus vîte. Nos conducteurs ne pouvoient les faire avancer qu'en s'attelant comme eux pour les aider à tirer nos voitures, & nous les agacions en leur montrant un mouchoir que nous tournions en forme de poiſſon : ils fuivoient cet appât qui fuyoit devant eux, à mesure qu'ils s'approchoient pour s'en faisir.

C'eſt par ce moyen que nous vînmes à bout de franchir la montagne qui mène à Pouſtaretsk. Je me crus fauvé en mettant le pied dans ce hameau, d'après l'accueil gracieux que nous firent les femmes. Nous en trouvâmes fix qui venoient au devant de nous, & qui nous abordèrent avec des démonſtrations de joie les plus folles. Nous comprîmes, à quelques mots qu'elles nous dirent, que leurs maris étoient allés à l'oſtrog de Potkagornoï pour y chercher de la baleine. Elles nous conduifirent à leurs habitations en chantant & fautant autour de nous comme des extravagantes. Une d'entr'elles fe dépouilla

1788,
Mars.
Du 5 au 9.

Le 9.
Arrivée
à Pouſtaretsk.

1787,
Mars.
Le 9.
A Pouftaretsk.

d'une parque de jeune renne pour en vêtir M. le commandant; les autres nous exprimoient par de grands éclats de rire leur fatisfaction de notre arrivée, à laquelle elles affuroient ne point s'attendre: cela n'étoit guère vraifemblable, mais nous fîmes femblant de les croire, dans l'efpérance d'en avoir meilleure compofition.

Recherches
inutiles pour
trouver du
poiffon.

Nous entrâmes à Pouftaretsk le 9 à trois heures après - midi ; notre premier foin fut de vifiter tous les réfervoirs de poiffon. Quel fut notre chagrin en les voyant vides ! nous foupçonnâmes fur le champ que les habitans avoient pris la même précaution que ceux de Gavenki; & nous voilà à queftionner ces femmes, à fouiller de tous côtés, perfuadés que les provifions font cachées : plus on nous le nioit, plus nous pouffions nos recherches; elles furent inutiles, nous ne pûmes rien découvrir.

Trifte
fpectacle que
nous offrent
nos chiens.

Dans cet intervalle on avoit dételé nos chiens pour les attacher par pelotons à l'ordinaire. Dès qu'ils furent au poteau, ils fe jetèrent fur leurs liens & fur leurs harnois ; en une minute tout fut dévoré. En vain effaya-t-on de les retenir ; la plus grande partie s'échappa dans la campagne où ils erroient çà & là, mangeant tout ce que leurs dents pouvoient déchirer. Il en mouroit à tous momens quelques-uns qui devenoient auffitôt la proie des autres ; Ceux-ci s'élançoient fur ces cadavres & les mettoient en pièces : chaque membre étoit difputé au raviffeur par une troupe de rivaux qui l'attaquoient avec la même furie ; s'il fuccomboit fous le nombre, il étoit à fon tour l'objet d'un nouveau combat *(u)*. A l'horreur de les voir ainfi s'entre-dévorer, fuccédoit le trifte fpectacle de ceux qui affiégeoient la yourte où nous demeurions. Ces pauvres bêtes étoient toutes d'une maigreur à faire compaffion ; elles pouvoient à peine remuer : leurs hurlemens

1788,
Mars.
Le 9.
A Pouftaretsk,

(u) Pour nous défendre nous-mêmes contre ces chiens affamés, nous étions réduits à ne point fortir fans nos bâtons, ou fans des armes qui puffent les écarter.

plaintifs & continuels ſembloient nous prier de les ſecourir, & nous reprocher l'impoſſibilité où nous étions de le faire. Pluſieurs qui ſouffroient autant du froid que de la faim, ſe couchoient au bord de l'ouverture extérieure, pratiquée dans le toit de la yourte, & par où s'échappe la fumée; plus ils ſentoient la chaleur & plus ils s'en approchoient; à la fin, ſoit foibleſſe, ſoit défaut d'équilibre, ils tomboient dans le feu ſous nos yeux.

Peu d'inſtans après notre arrivée, nous vîmes revenir le conducteur du ſoldat envoyé le 3 à Kaminoi, pour y chercher du ſecours; il nous apprit que notre émiſſaire en avoit lui-même le plus preſſant beſoin, trop heureux d'avoir rencontré à douze verſtes au nord de Pouſtaretsk, une mauvaiſe yourte abandonnée; il s'y étoit mis à l'abri des tempêtes qui l'avoient égaré dix fois. Les proviſions que nous lui avions données pour lui & pour ſes chiens étoient conſommées, & il attendoit impatiemment qu'on vînt le

tirer

tirer d'embarras, sans quoi il lui étoit impoſſible de ſortir de ſon aſyle, ni pour exécuter les ordres dont il étoit chargé, ni pour nous rejoindre.

M. Kaſloff, loin de ſe laiſſer abattre par ce nouveau contre-temps, ranima notre courage, en nous faiſant part des derniers expédiens qu'il étoit réſolu d'employer. Déjà, ſur l'aſſurance qui nous fut donnée qu'une baleine avoit échoué auprès de Potkagornoi, il y avoit envoyé un exprès; la plus grande célérité lui étoit recommandée, & il devoit rapporter de la chair & de la graiſſe de ce poiſſon le plus qu'il pourroit.

Cette reſſource étant encore incertaine, M. le commandant nous propoſa de faire le ſacrifice du peu de vivres que chacun de nous comptoit réſerver pour ſes propres chiens. Il étoit queſtion de nous en deſſaiſir en faveur du ſergent Kabéchoff, qui s'offroit d'aller à Kaminoi. Dans la détreſſe où nous étions, la moindre lueur d'eſpérance ſuffiſoit pour nous décider à

1788,
Mars.
Le 9.
A Pouſtaretsk.

Exprès envoyé
à Potkagornoi
pour y cher-
cher de la ba-
leine.

Le ſergent
Kabéchoff part
pour Kaminoi
avec le reſte de
nos proviſions.

Partie I.re R

1788,
Mars.
Le 10.
A Pouſtaretsk.

tout riſquer ; nous embraſsâmes donc cet avis avec tranſport , nous abandonnant au zèle & à l'intelligence de ce ſergent.

Il partit le 10, muni d'inſtructions détaillées & du reſte de nos proviſions. Dans ſa route il devoit ramaſſer notre pauvre ſoldat, & de-là courir remplir la commiſſion dont celui-ci n'avoit pu s'acquitter. Après avoir pris toutes ces meſures, nous nous exhortâmes à la patience, & nous cherchâmes à nous diſtraire de nos ſollicitudes, en attendant qu'il plût à la Providence de nous en délivrer. Je vais employer ce temps à rendre compte des obſervations que j'ai faites à Pouſtaretsk.

Du 10 au 12.
Deſcription de
Pouſtaretsk &
de ſes environs.

Ce hameau eſt ſitué ſur le penchant d'une montagne que la mer arroſe ; car on ne peut pas appeler rivière *(x)*, ce qui n'eſt proprement qu'un golfe fort étroit, qui s'avance juſqu'au pied de cette montagne : l'eau en eſt ſaumâtre & nullement

____

(x) Les gens du pays la nomment *Pouſtaïa-reka*, c'eſt-à-dire, rivière déſerte : ce golfe étoit alors entièrement glacé.

potable; pour y fuppléer, nous buvions de la neige fondue, qui étoit notre feule eau douce. Deux yourtes où vivent environ quinze perfonnes, compofent tout le hameau; on peut encore y comprendre quelques balagans, où les habitans vont s'établir au commencement de l'été : ils les ont conftruits à quelques verftes des yourtes & plus avant dans les terres.

Ils y paffent toute la belle faifon à pêcher, & à faire leurs approvifionne-mens pour l'hiver. A en juger par les alimens que je leur ai vu apprêter & manger, le poiffon n'y doit pas être abondant : leur nourriture pendant notre féjour fe borna à de la chair ou de la graiffe de baleine, à de l'écorce d'arbre crue, & à des bourgeons arrofés avec de l'huile de baleine, de loup marin ou de la graiffe d'autres animaux. Ils nous dirent qu'ils avoient pris quelquefois en pleine mer de petites morues; je ne fais s'ils en avoient en réferve dans quelque coin, mais nous avions fait tant de recherches, & nous

1788, *Mars.* Du 10 au 12. A Pouftaretsk.

Nourriture des habitans pendant notre féjour.

leur vîmes faire ſi mauvaiſe chère; que je finis par les croire réellement auſſi pauvres qu'ils paroiſſoient l'être.

Leur manière de chaſſer les rennes, qui ſe trouvent en aſſez grande quantité dans ces cantons, n'eſt pas moins ſûre que commode. Ils entourent de paliſſades une certaine étendue de terrain, en laiſſant ſeulement quelques ouvertures; c'eſt dans ces paſſages étroits qu'ils tendent leurs filets ou leurs lacs: ils ſe ſéparent enſuite pour chaſſer les rennes dans ces piéges; ces animaux, en cherchant à ſe ſauver, s'y précipitent & s'y trouvent arrêtés ou par le cou ou par leur bois. Il s'en échappe toujours un grand nombre qui briſent les lacets ou franchiſſent les paliſſades; cependant, une chaſſe faite par vingt ou trente hommes, a valu parfois plus de ſoixante rennes.

Indépendamment des travaux du ménage, les femmes ſont chargées de la préparation des peaux de divers animaux, particulièrement des rennes, de les teindre & de les coudre. Elles les raclent d'abord avec une pierre taillante enchâſſée dans un bâton : après en avoir enlevé la graiſſe, elles continuent de les ratiſſer, afin de les rendre moins épaiſſes, & de leur donner plus de ſoupleſſe. La ſeule couleur dont elles faſſent uſage pour les teindre, eſt d'un rouge très-foncé ; elles la tirent de l'écorce d'un arbre appelé en Ruſſe *olkhovaïa-déréva*, & connu chez nous ſous le nom de l'*aune*. On fait bouillir cette écorce, puis on en frotte la peau juſqu'à ce qu'elle ſoit bien imprégnée de teinture. Les couteaux qui ſervent pour couper enſuite ces peaux, ſont courbes & de l'invention probablement de ces peuples.

Des nerfs de rennes très-effilés, & préparés par ces mêmes femmes, leur tiennent lieu de fil. Elles couſent parfaitement bien. Leurs aiguilles leur viennent d'Okotsk, & n'ont rien d'extraordinaire ; leurs dez reſſemblent à ceux de nos tailleurs, elles le mettent toujours ſur l'index.

A mon paſſage à Karagui, j'ai rapporté

1788,
Mars.
Du 10 au 12.
A Pouſtaresk.

1788,
Mars.
Du 10 au 12.
A Pouftaretsk.

Manière de
umer.

la façon dont ces peuples fument ; mais je ne puis m'empêcher d'y revenir pour en faire connoître les fuites funeftes, dont je vis ici plufieurs exemples. Leurs pipes*(y)* ne fauroient contenir plus d'une pincée de tabac, qu'ils renouvellent jufqu'à fatiété, & voici comment ils y parviennent : à force d'avaler la fumée, au lieu de la renvoyer, ils s'enivrent peu-à-peu, au point de tomber dans le feu, s'ils en étoient près. Heureufement l'habitude qu'ils en ont, leur a appris à fuivre les progrès de cette défaillance ; ils prennent leurs précautions en s'affeyant ou en s'accrochant au premier objet qu'ils rencontrent. Leur pâmoifon dure au moins un quart d'heure, pendant lequel leur fituation eft des plus pénibles ; une fueur froide inonde leur corps, la falive coule de leurs lèvres, la refpiration eft gênée & la toux

-----

(y) Les tubes de ces pipes font de bois & fendus dans leur longueur ; ils s'ouvrent par le milieu, & l'économie des fumeurs les porte à en gratter les parois, pour fumer enfuite ces ratiffures.

continuelle. C'eſt lorſqu'ils ſe ſont mis dans cet état, qu'ils croyent avoir fumé délicieuſement.

Ni les femmes ni les hommes ne portent ici de chemiſes *(z)*; leur vêtement ordinaire en a preſque la forme; il éſt moins court & de peau de renne. Quand ils ſortent, ils en paſſent un autre plus chaud par-deſſus. En hiver, les femmes n'ont point de jupes, mais des culottes fourrées.

Le 12, M. Schmaleff nous rejoignit. Son retour nous fut d'autant plus agréable que nous en étions fort inquiets. Il y avoit ſix ſemaines que nous étions ſéparés *(a)*, & près d'un mois s'étoit écoulé depuis l'inſtant fixé pour notre réunion. Il lui reſtoit très-peu de proviſions; mais ſes chiens étant moins mauvais que les nôtres, nous en profitâmes pour faire venir nos équipages, que nous avions été forcés de

1788,
Mars.

Du 10 au 12.
A Pouſtaretsk
Habillement.

Le 12.
M. Schmaleff
nous rejoint.

(z) Dans la deſcription de l'habillement des Kamtſchadales, on a vu qu'ils ont ſous leur parque une petite chemiſe de nankin ou de toile de coton.

(a). Le lecteur doit ſe rappeler qu'il nous avoit quitté à Apatchin le 29 janvier.

R iv

laiffer en chemin, & dont nous n'avions eu aucunes nouvelles depuis notre arrivée.

Le vent du fud-oueft qui nous avoit tant incommodés en route, fouffla avec la même violence pendant plufieurs jours; il paffa enfuite au nord-eft, mais le temps n'en fut que plus affreux.

Il fembloit que la nature en colère confpirât auffi contre nous pour multiplier les obftacles & prolonger notre misère. J'en appelle à quiconque s'eft trouvé dans une femblable pofition; il fait s'il eft cruel de fe voir ainfi enchaîné par des entraves fans ceffe renaiffantes. On a beau fe diftraire, s'armer de patience, à la longue les forces s'épuifent & la raifon perd fes droits. Rien ne nous rend nos maux plus infupporta-bles que de n'y prévoir aucun terme.

Nous n'en fîmes que trop l'expérience à la reception des lettres qui nous vinrent de Kaminoi : nul fecours à en attendre, nous marquoit Kabéchoff; le détachement d'Ingiga étoit hors d'état de venir à notre rencontre; arrivé depuis deux mois à Ka-

minoi, il y avoit confommé non - feulement fa provifion de vivres, mais encore celles qui nous étoient deftinées.
Les chiens s'entre - dévoroient comme
les nôtres, & les quarante hommes fe
voyoient réduits à la dernière extrémité.
Notre fergent nous ajoutoit qu'il avoit
pris le parti d'envoyer fur le champ à
Ingiga, comme notre unique reffource;
fon exprès ne devoit revenir que dans
quelques jours, mais il doutoit qu'il rap-
portât une réponfe fatisfaifante, cette ville
ne pouvant être que mal approvifionnée
en vivres & en chiens, après l'envoi
confidérable qu'elle en avoit fait.

Ce rapport affligeant nous ôta tout
efpoir, & nous nous crûmes perdus.
Notre découragement & notre trifteffe
étoient tels, que M. Kafloff fut d'abord
infenfible à la nouvelle de fon avancement, qu'il reçut par le même courrier.
Une lettre venant d'Irkoutsk, lui ap-
prenoit qu'en reconnoiffance de fes fer-
vices, l'Impératrice le faifoit paffer du

1788,
Mars.
Du 12 au 17.
A Pouftaretsk.

M. Kafloff
reçoit la nou-
velle de fon
avancement.

commandement d'Okotsk à celui de Yakoutsk. En toute autre circonftance, cette
faveur l'eût tranfporté ; elle offroit à fon
zèle un champ plus vafte, & plus de
moyens d'exercer fes talens dans l'art
de gouverner ; mais il étoit loin de
fonger à calculer les avantages de fon
nouveau pofte. Tout fentiment en lui
cédoit à celui de notre danger , il en
étoit comme abforbé.

Dans un moment auffi critique, je ne
puis attribuer qu'à une infpiration du
ciel, l'idée qui me vint tout-à-coup de
me féparer de M. Kafloff. En y réfléchif-
fant, je fentis tout ce qu'elle avoit de
défobligeant pour lui & de chagrinant
pour moi ; je voulus la repouffer, mais
en vain, malgré moi je m'y arrêtois ; je
penfois à ma patrie, à ma famille, à mon
devoir. Leur afcendant invincible l'em-
porta, & je m'ouvris à M. le commandant.
Au premier aperçu, le projet lui parut
extravagant, & il ne manqua pas de le
combattre. Le defir de l'exécuter me

fournit des réponfes à toutes fes objections. Je lui prouvai qu'en demeurant unis, nous nous ôtions l'un à l'autre les moyens de pourfuivre notre route ; nous ne pouvions partir enfemble fans un nombreux renfort de chiens : parmi ceux qui nous reftoient, il n'y en avoit guère que vingt-fept paffables, tous les autres étoient morts ou incapables de fervir *(b)*. L'un de nous confentant à céder à l'autre ces vingt-fept chiens, ce dernier acquéroit la poffibilité d'avancer, & fon départ débarraffoit celui qu'il quittoit, du foin de nourrir encore ce petit nombre de courfiers affamés. Mais, me difoit M. Kafloff, ne vous faudra-t-il pas toûjours quelques provifions pour eux? & comment vous en procurerez-vous?

Je ne favois trop que répliquer à cette obfervation, lorfqu'on nous dit que notre exprès arrivoit de Potkagornoi. Plus heu-

1788,
Mars.
Du 12 au 17.
A Pouftaretsk.

(b) On n'a pas oublié fans doute que nous étions partis de Bolcheretsk avec une meute de près de trois cents chiens.

Il nous arrive
de Potkagor-
noi, de la chair
& de la graiffe
de baleine.

reux que tous les autres, il nous apportoit de la chair & de la graiffe de baleine
en grande quantité : ma joie, à fa vue, fut
extrême, toutes les difficultés étoient le-
vées, je me crus déjà forti de Pouftaretsk.
Dans la même minute je revins à la charge
auprès de M. le commandant, qui, n'ayant
plus rien à m'oppofer, & ne pouvant
qu'applaudir à mon ardeur, fe rendit à
mes follicitations. Il fut arrêté que je
partirois feul le 18 au plus tard. Dès ce
moment nous nous occupâmes des difpofitions néceffaires pour affurer l'exécution de ce projet.

Le calme
rétabli parmi
les Koriaques.

Tout me portoit à me flatter du fuccès.
Au milieu des triftes nouvelles qui nous
étoient venues de Kaminoi, il s'en trouvoit quelques-unes de très-confolantes ;
on nous affirmoit, par exemple, que nous
n'y ferions nullement inquiétés à notre
paffage. Le calme s'étoit rétabli parmi les
Koriaques, &, pour nous en convaincre,
ils avoient voulu que plufieurs d'entr'eux
accompagnaffent le foldat chargé des

lettres à l'adresse de M. le commandant. Le fils même du chef des rebelles, appelé *Eitel*, étoit à la tête de l'escorte ; il nous dit que ses compatriotes nous attendoient depuis long-temps avec impatience, & que son père se proposoit de donner à M. Kasloff des preuves de son respect en venant au-devant de lui.

Charmés de n'avoir plus rien à craindre, au moins de ce côté, nous nous empressâmes de témoigner à ces Koriaques notre satisfaction de leur bonne volonté pour nous ; nous leur fîmes tous les présens que notre situation nous permettoit, en tabac, en étoffes & en divers objets que j'avois achetés pendant mon voyage sur mer, & d'autres qui m'avoient été laissés par M. le comte de la Pérouze. Nous leur en donnâmes aussi pour leurs parens ; mais notre soin principal fut de les enivrer de notre mieux, pour qu'ils eussent bien à se louer de notre accueil : il falloit les traiter suivant leur goût ; or, c'est-là chez eux l'essence de la politesse.

1788 ,
Mars.
Du 12 au 17.
A Poustaretsk.

Accueil que nous faisons aux Koriaques.

1788,
Mars.
Du 12 au 17.
A Pouftaretsk.

Ils fe chargent
de deux de mes
porte - man -
teaux.

Je propofai à ces Koriaques de fe charger de deux de mes porte-manteaux; ils ne parurent pas d'abord s'y prêter volontiers, parce que j'exigeois qu'ils fuffent conduits jufqu'à Ingiga; cependant à force de careffes & d'argent, j'obtins qu'ils les prendroient fur leurs traîneaux. L'intérêt feul les détermina à me rendre ce fervice; mais il m'étoit fi utile, que je ne crus pas l'avoir trop payé. Débarraffé par-là de mon bagage, je n'avois plus à fonger qu'à mes dépêches; j'étois d'ailleurs à peu-près fans inquiétudes fur les effets que je confiois à ces Koriaques; le foldat chargé de la pofte d'Ingiga, s'en retournoit avec eux, il m'avoit promis d'en avoir foin, & de veiller à ce que mes intentions fuffent fidèlement fuivies.

M. Kaffoff me
remet les dé-
pêches, & me
donne les paffe-
ports nécef-
faires pour ma
fûreté.

Jufqu'au moment de mon départ, M. Kaffoff travailla *(c)* à l'expédition de fes

---

(c) Ce fut véritablement un travail & des plus fatigans, fi l'on confidère que dans ces yourtes nous ne pouvions écrire que couchés par terre, encore étions-nous abymés de fumée, & voyions-nous notre encre fe geler à côté de nous.

lettres, dont il étoit convenu que je me chargerois; il me délivra un *podarojenei* ou passeport qui devoit me servir jusqu'à Irkoutsk, où il écrivoit en outre pour qu'on eût à me fournir les secours dont j'aurois besoin. Ce passeport étoit un ordre à tous les officiers Russes & autres habitans sujets de l'Impératrice, que je rencontrerois jusque-là, de me faciliter les moyens de continuer ma route avec sûreté & promptitude. La prévoyance de M. le commandant n'oublia rien de ce qui pouvoit m'être nécessaire : il n'eût pas porté plus loin les attentions, quand j'eusse été son frère le plus chéri.

Je m'arrête, car je ne puis résister à l'émotion que j'éprouve, en pensant que je vais quitter cet homme estimable, à qui les qualités de son ame, plus que les grâces de son esprit, m'ont attaché pour la vie. Le sacrifice généreux qu'il me fait pèse en ce moment sur mon cœur, & je me reproche de l'avoir desiré. Qu'il m'en coûte pour le laisser dans ces déserts, sans

1788,
Mars.
Du 12 au 17.
A Poustaretsk.

Mes regrets en me séparant de M. Kasloff.

1788,
Mars.
Du 12 au 17.
A Pouftaretsk.

favoir, avant que d'en fortir, comment il pourra lui-même s'en tirer! l'image de fa trifte pofition me pourfuit & m'agite. Ah! fans doute pour me réfoudre à m'en féparer malgré la défenfe que m'en avoit faite M. le comte de la Pérouze, il falloit, je le répète, que je fuffe entraîné par la conviction qu'il ne me reftoit pas d'autres moyens de parvenir à remettre promptement mes dépêches. Sans ce motif, fans cet objet unique de ma miffion, rien ne juftifieroit à mes yeux mon empreffement à partir. Puiffe le témoignage que ma reconnoiffance rendra à jamais des bontés de M. Kafloff à mon égard, & de fon zèle pour le fervice de fa fouveraine, contribuer en quelque chofe à fon avancement & à fon bonheur! il ne manqueroit plus au mien que le plaifir de le revoir & de le ferrer dans mes bras.

FIN de la première Partie.

TABLE

Des indications de la première Partie.

Partie Ire   S

 Table des indications.

FIN de la Table de la Ire Partie.